EMBRUN SERRE-PONÇON

au fil de l'eau

PHOTOGRAPHIES MICHEL ZALIO TEXTES CORINNE CLIVIO LETERRIER

EDITIONS MICHEL ZALIO

PARC NATIONAL DES ÉCRINS
Durance
Mont Dauphin
Guil
GUILLESTRE
St-Clément sur-Durance
N 94
St-Marcelin
Châteauroux
Lac de Siguret
Durance
St-André d'Embrun
Réallon
Les Aiguilles de Chabrières
N 94
La-Bâtie Neuve
GAP
Puy St-Eusèbe
EMBRUN
Les Celliers
Le Torrent de Crévoux
Crévoux
St-Apollinaire
Chorges
Prunières
Puy Sanières
Baratier
St-Sauveur
N 94
Crots
Le Boscodon
N 94
Château de Picomtal
Chapelle St-Michel
Savines le-Lac
Lac de Serre-Ponçon
D 954
Les Orres
Abbaye de Boscodon
Le Parpaillon
Le Grand Morgon
Le-Sauze-du-Lac
BARRAGE
D 954
Durance
Ubaye

Située au cœur des Hautes-Alpes et aux portes de la Provence, entre lacs et montagnes, Embrun "petite Nice des Alpes" est un paradis en toutes saisons. Une ville baignée par l'eau et le soleil haut-alpin, où l'art et l'histoire se savourent au détour de chaque rue et de chaque édifice.

De belles portes à panneaux moulurés ou sculptés, aux impostes ajourées, ponctuent le rythme des maisons colorées et la convivialité est toujours assurée autour des fontaines de marbre rose du XVIe siècle. Partez à la découverte des modillons, macarons, cadrans solaires, arcatures lombardes qui ornent les façades. Surveillée du haut de la Tour Brune, protégée par des remparts améliorés par Lesdiguières et Vauban, l'ancienne place forte que fut Embrun, jouit d'un site privilégié. Du bord du Roc, l'horizon se prolonge sur les montagnes et le lac de Serre-Ponçon, livrant la vraie dimension du paysage Embrunais.

Depuis la création de la déviation, Embrun a retrouvé une réelle quiétude qui offre aux visiteurs un centre ancien, doté d'un patrimoine architectural intéressant et valorisé par de nombreuses réhabilitations et manifestations culturelles.

A deux pas du centre ville, séparé du lac de Serre-Ponçon par une digue promenade, son plan d'eau à niveau fixe offre de nombreux aménagements touristiques.

Guide de haute-montagne, Michel Zalio ne l'est pas seulement. Conférencier passionné, merveilleux conteur et agile photographe, il a parcouru les Alpes, grimpé dans les différents massifs européens, vécu l'aventure des hauts-sommets desquels il a rapporté entre autres de superbes images.

Il a choisi de poser son appareil photo sur Embrun et l'Embrunais. Je ne peux que m'en réjouir, connaissant sa sensibilité et l'amour qu'il porte à cette région.

Merci Michel de nous donner au travers de ce livre et de ses magnifiques photographies, l'envie de découvrir ou redécouvrir ce territoire d'exception que sont la ville d'Embrun et l'Embrunais.

Chantal EYMÉOUD,
Maire d'Embrun,
Présidente de la Communauté de Communes de l'Embrunais

REGARD

S'il est une terre où l'homme et la nature s'accordent avec harmonie, c'est bien Serre-Ponçon, joyau des Hautes-Alpes jusqu'aux montagnes de l'Embrunais. Les patrimoines, naturel, culturel et cultuel, constituent le socle d'un art de vivre, cultivé avec simplicité détermination et attachement.

Serre-Ponçon est l'expression même de l'art : art de vivre des agriculteurs, art du savoir faire des artisans, art de recevoir des habitants, art de partager ses trésors, art de communiquer avec cette nature généreuse et cet héritage culturel, omniprésent.

Les saisons s'égrènent, avec une telle authenticité, une telle diversité de couleurs, que le regard se pose, jamais blasé, souvent surpris d'une telle générosité.

Il s'agit donc de préserver ce capital afin qu'il puisse perdurer, vivant et puissant, tel un cadeau sans cesse accompli pour les générations futures.

Rien ne doit être laissé au hasard. Sensibiliser et responsabiliser la population et les visiteurs, éveiller le jeune public, stimuler les initiatives durables, favoriser la cohésion… autant d'actions qui s'inscrivent dans les objectifs de l'Agenda 21 du département et dans les démarches innovantes de mise en valeur du patrimoine haut-alpin, dans sa dimension la plus large et la plus profonde.

Place à l'imagination ! Car si l'empreinte de l'homme sur ce territoire a souvent magnifié les paysages et participé au développement de la qualité de vie, nous devons rester attentifs pour que l'harmonie de Serre-Ponçon rayonne perpétuellement et avec force.

Victor BERENGUEL,
Conseiller général du canton de Savines-le-Lac
Vice Président chargé du Développement durable et de L'Agenda 21

Richard SIRI,
Conseiller général du canton d'Embrun
Vice Président chargé de la Culture, du Patrimoine et de la Vie Associative

Embrun ! Serre-Ponçon !

Dans les milieux "branchés" de l'alpinisme et de l'escalade, la question de savoir comment un guide de haute montagne pouvait s'installer dans les contrées du sud (et près d'un lac de surcroît) me fut maintes fois posée.
Pourtant, en 1975, nous étions quelques intrépides à créer, dans l'actuel office de tourisme d'Embrun, un bureau des guides.
Et si de rares confrères de l'époque, figés au pied de sommets vertigineux, nous raillaient en nous affublant de "guides de tour du lac", leur opinion ne nous importunait guère !
Rien ne nous empêchait de gravir quelque pic mythique des Alpes et d'ailleurs, mais une fois les ascensions terminées, nous profitions avec délice des journées plus sereines pour taquiner la truite, survoler le lac en parapente ou cultiver notre jardin secret.

Aujourd'hui, Embrun, loin de l'ennui des villes engorgées, est devenue, pour le nomade des déserts et des montagnes du monde que je suis, un véritable camp de base, indispensable à la sérénité, dégagée des sommets prestigieux qui bouchent parfois l'horizon.

Puissent simplement mes concitoyens ne pas succomber aux chants des sirènes qui promettent toujours, à travers des projets ambitieux de "développement économique", une vie meilleure. Les nomades du monde entier savent, avec leur sagesse, que ces visions d'avenir prometteur coupent, en fin de compte, ce lien si précieux avec la nature et soi-même.

Puissions-nous conserver pour l'Embrunais, que nous empruntons à nos enfants, cet air de paradis qui flotte au fil de la Durance afin que demain, ils sachent encore ouvrir, aux générations qui suivent, la porte des alpages.

Michel ZALIO

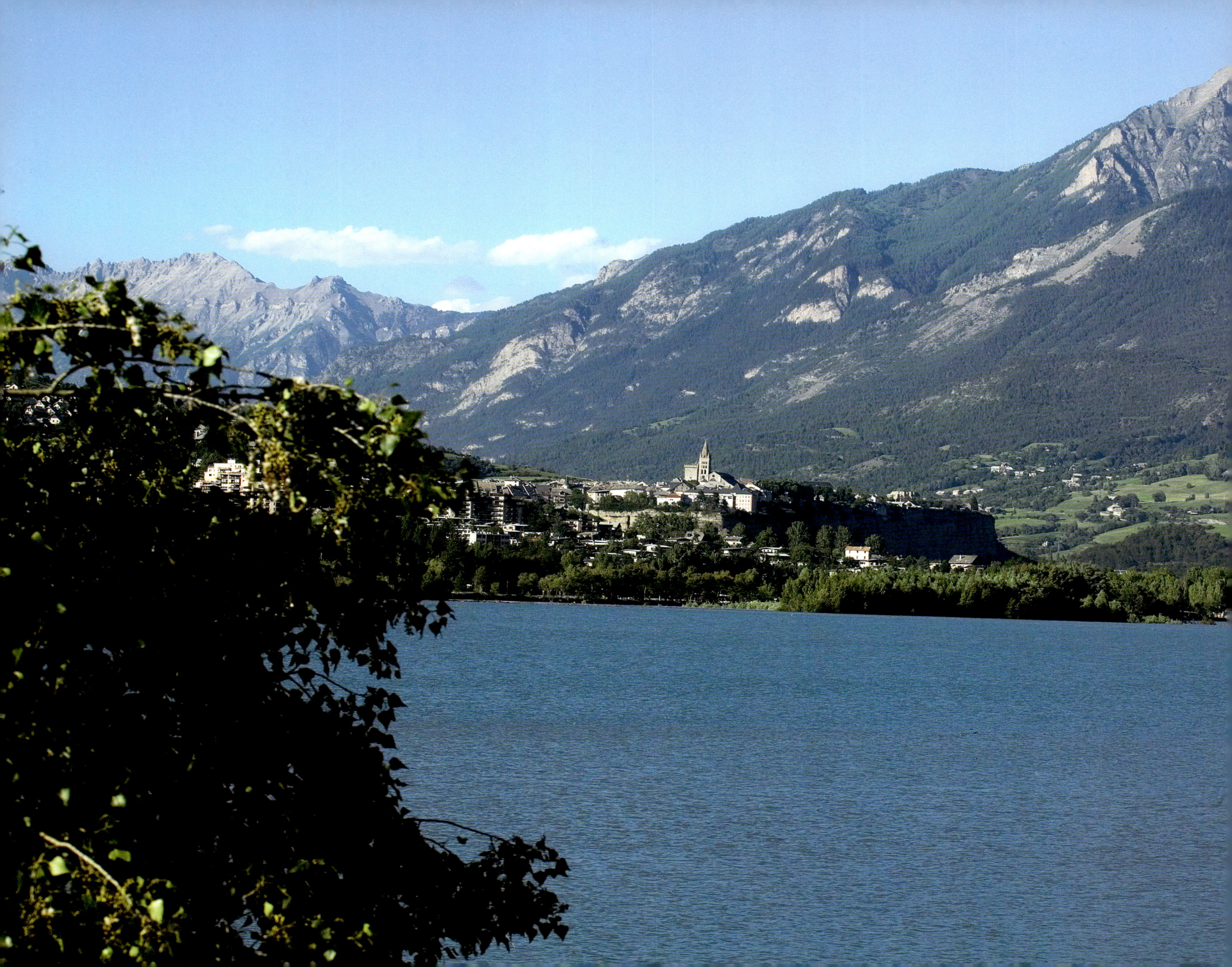

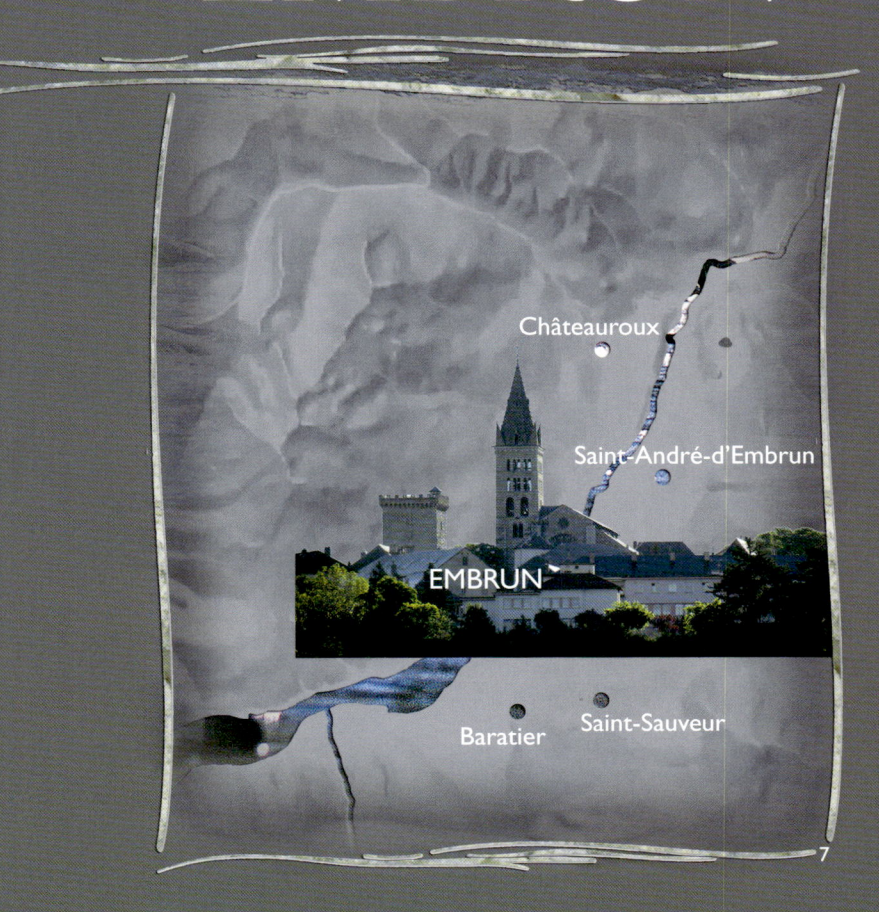

EMBRUN

Châteauroux

Saint-André-d'Embrun

EMBRUN

Baratier   Saint-Sauveur

EMBRUN

Bâtie sur un roc surplombant la vallée de la Durance, la ville d'Embrun s'impose au regard des voyageurs. Du haut de l'ancien donjon des archevêques ou du clocher de la cathédrale, plusieurs siècles d'histoire prestigieuse et mouvementée ont été écrits.

Façonnée par le glacier de la Durance il y a 50 000 ans, la vallée est large et forme un U évasé à partir de l'Embrunais : le roc de poudingue, dur et compact, est une conséquence de l'érosion glaciaire.

Bien avant qu'Embrun ne devienne métropole ecclésiastique, ce site majestueux avait été choisi par les Celtes pour sa position dominante et la protection que représentait la falaise (d'où le nom de la ville, de racine celte, "Eburodunum" : élévation au-dessus de l'eau[1]).

Sur la route reliant le Piémont à la Provence via le col de Montgenèvre, Embrun a régulièrement été traversée par des commerçants, des pèlerins,… ou encore des envahisseurs.
Après les Celtes, les Romains colonisent la région. Elle est réorganisée et Embrun devient capitale des Alpes Cottiennes au IIe siècle, puis métropole de la province des Alpes-Maritimes au IVe siècle. Le nom de la ville, Eburodunum, apparaît sur quatre gobelets d'argent (fin du Ier siècle avant J.-C.) trouvés près du lac de Bracciano et conservés à Rome au musée national des Thermes. Ils énumèrent les étapes et les distances d'un itinéraire allant de Rome à Cadix, en Espagne.

La région a été évangélisée par saint Marcellin. C'est également lui qui fonde l'évêché au IVe siècle, d'où son vocable très fréquent dans l'Embrunais.

Avec l'effondrement de l'Empire romain, des hordes de barbares ont déferlé et n'ont pas épargné Embrun : les Wisigoths en 412, les Burgondes en 476, les Goths en 523, les Lombards en 570 et en 575, les Sarrasins en 916.

Heureusement, à chaque fois Embrun se relèvera et deviendra même une cité riche et bourgeoise à partir du XIIe siècle, d'autant que la cathédrale Notre-Dame-du-Réal verra accourir, du XIVe au XVIe siècle, de nombreux pèlerins, venus prier au pied d'une fresque dite miraculeuse : "l'Adoration des mages".

Le pèlerinage s'arrêtera brusquement avec la destruction de cette fresque lors de l'occupation des protestants en 1585.

La région sera d'ailleurs à nouveau dévastée par les troupes du duc Victor-Amédée II de Savoie en 1692, même si la ville intra-muros est relativement épargnée.

Après la Révolution française, Embrun perdra un des emblèmes de son prestige : le siège de l'archevêché. Les Hautes-Alpes seront alors unies au diocèse de Digne. L'évêché du département sera rétabli en 1823… mais installé à Gap.

Grâce à l'amélioration des conditions de vie, à la diffusion de meilleures techniques agricoles, ou encore au développement des routes au XIXe siècle, la population augmentera très fortement. En 1763, le nombre d'habitants à Embrun est estimé à 3 000, alors qu'en 1851, il s'élève à presque 4 800. Cette période d'embellie sera de courte durée car très vite, avec l'arrivée du chemin de fer, l'exode, auparavant saisonnier, deviendra définitif. Les produits manufacturés, de meilleure qualité et moins chers, viendront inonder les marchés. Les artisans et les agriculteurs des communes d'altitude s'en iront vivre dans des contrées moins hostiles ou dans des régions où la concurrence est moins rude : dans les villes ou encore en Afrique du Nord.

Dans les années 1880, la place forte d'Embrun est déclassée et le front nord des fortifications détruit pour laisser passer le chemin de fer. En septembre 1884, la circulation ferroviaire s'ouvre jusqu'à Briançon. Peu à peu, la ville décline avec la fermeture du séminaire en 1906, la perte de la sous-préfecture en 1926, du tribunal de justice en 1927 et s'endormira jusqu'au réveil touristique lié à la mise en eau du plan d'eau et du lac de Serre-Ponçon en 1960 et enfin la construction de la station de ski des Orres, en 1970.

1. Etymologie donnée par Joseph Roman, historien.

Embrun, un site naturellement protégé

Du haut de ses 80 mètres au-dessus de la vallée et solidement bâtie sur un roc, Embrun est un site protégé par un escarpement abrupt face à la Durance.
Dès les Romains, la ville a été fortifiée sur les autres fronts. Et au cours des âges, l'enceinte a été remaniée à de multiples reprises. Au Moyen-âge, elle possédait trois portes : la porte du Saint-Esprit en direction de Gap, la porte Saint-Marcellin côté Briançon et la porte Barriol à l'extrémité de l'actuelle rue Caffe. Le duc de Lesdiguières, à la tête des troupes protestantes à la fin du XVIe siècle, améliore la fortification en créant des ouvrages avancés : bastions et demi-lunes précédés de fossés.
Après l'attaque des troupes du duc de Savoie, à la fin du XVIIe siècle, Louis XIV charge le commissaire général des fortifications, Vauban, de remettre en état les défenses des villes des Alpes. Avec la création de la place-forte de Mont-Dauphin, Embrun sera considérée comme une place de deuxième ligne et ne bénéficiera seulement que de quelques améliorations. Voici ce qu'écrit Vauban après son passage à Embrun en 1692 : *"…Voilà la figure très véritable d'une des plus mauvaises places qui se puissent voir… Au reste, cette ville, quoique le siège d'un ancien archevêché, est très petite, pauvre, mal peuplée, n'y ayant pas plus de 120 maisons habitées présentement, et en tout 352, habitées ou abandonnées, outre la maison de l'archevêché et des jésuites, l'une et l'autre assez bien bâties, quelques maisons de chanoines, les cordeliers, les capucins, les filles de la Visitation. Le reste est très peu de chose[2]".*
Dans son projet, il propose de relever les bastions, d'approfondir les fossés et de créer une "corne" pour protéger la porte de Gap.

Avec l'évolution et l'éloignement des frontières en 1713, l'Ubaye savoyarde devenant française, l'aspect défensif d'Embrun s'estompe peu à peu. Les fortifications seront déclassées et l'enceinte de la ville sera peu à peu démantelée à partir des années 1880. Les fortifications laisseront place à la voie ferrée, à une large avenue permettant une meilleure liaison avec la gare ou encore à un champ de foire élargi.

De nos jours, il reste quelques éléments visibles de ce passé défensif de la ville : sur le boulevard, l'ancien abattoir est situé contre une tour, à proximité de laquelle on trouve quelques traces de bastion. Le stade a été réalisé contre un autre bastion. Juste derrière, l'espace Delaroche accueillait des casernes dont la plus grande a été démolie en 1995. L'ancienne Poudrière, cernée de murs, surplombant la plaine, est devenue une petite salle de spectacle et la Manutention a été transformée en 2008 en "Forum de la vie embrunaise". Une autre caserne avait été aménagée dans l'ancien collège de Jésuites, ouvert en 1584 face à la cathédrale : la caserne Vallier de Lapeyrouse ; elle est devenue un immeuble d'habitation.

Embrun, métropole ecclésiastique

C'est un saint venu d'Afrique, Marcellin, qui a évangélisé la région et fondé l'évêché vers 365. La ville a été, depuis la création de l'évêché, un centre religieux très important dont le rayonnement s'est encore accru lorsqu'il a été érigé en archevêché, au VIIIe ou IXe siècle[3]. La province ecclésiastique s'est calquée sur la division de la province romaine "les Alpes

---

2. Dans *"Places fortes des Alpes"*, Vauban, éditions Transhumance, 2000.

3. En 876, Bermond, premier archevêque connu selon Jacques Humbert, dans *"Embrun et l'Embrunais à travers l'histoire"*, Société d'études des Hautes-Alpes, 1972.

maritimes" : ce grand territoire comprenait les évêchés de Digne, Senez, Vence, Antibes et Nice. Vers 1040, l'archidiocèse s'étendit encore un peu plus au nord pour intégrer le Briançonnais, auparavant rattaché au diocèse de Maurienne.

Au cours de son histoire, rois, seigneurs, notables, bourgeois et paysans ont fait de nombreux legs à l'archevêché, plus particulièrement à partir du XIIe siècle. Les archevêques percevaient le produit de tous ces dons, d'où un statut plus qu'enviable… En 1783, voici ce qu'écrivait le curé Antoine Albert : *"Il n'est pas surprenant, avec tant d'anciens privilèges, soit temporels soit spirituels, que plusieurs archevêques d'Embrun aient préféré cet archevêché aux sièges les plus brillants du royaume : que Jacques Gélu ait quitté celui de Tours, que Jean Girard ait renoncé à celui de Reims, et que Guillaume d'Avançon ait refusé ceux de Vienne et d'Arles pour se fixer à Embrun, ainsi qu'on le verra dans la suite de cette histoire[4]"*.

Le pèlerinage à la "fresque miraculeuse" a contribué à apporter encore plus de richesses aux prélats comme à la population d'Embrun.

Le carré des archevêques : une ville dans la ville

Aujourd'hui, difficile de se plonger dans l'opulence de ce quartier où les instances religieuses s'étaient établies… Pour autant, la cathédrale et son parvis, la Maison du prévôt, celle des chanonges, la Tour Brune, le Palais des archevêques, les jardins, en révèlent une partie grâce à une architecture spécifique, particulièrement détaillée et aboutie. A l'intérieur de ces murs, des fragments de riches décors se révèlent encore au gré des recherches et des sondages.

Dès le IVe siècle, le groupe épiscopal occupait probablement le même emplacement qu'aujourd'hui, sur le front le mieux protégé. Au XIIIe siècle, pour mieux défendre le trésor accumulé et se protéger des colères de la communauté civile, toujours plus imposée, les archevêques ont dû se retrancher derrière une enceinte dont il ne reste aujourd'hui que quelques éléments mais qui refermait complètement le site avec une porte d'entrée à côté de la Maison des chanonges.

La première trace écrite de cet ensemble remonte à 1238. Pourtant, son histoire est encore à écrire. De l'édifice fortifié médiéval ne subsiste que la Tour Brune, englobée dans l'aile nord. Symbole de la puissance archiépiscopale, cet ancien donjon défensif surplombe le palais et lui est accolé. Il enfermait les prisonniers du pouvoir religieux mais servait aussi d'arsenal et de salle du trésor.

A la fin du XVe siècle ou au début du XVIe, les archevêques font construire un bâtiment actuellement intégré à l'aile centrale. L'aile sud date du XVIe siècle. Elle abritait des appartements somptueux, chapelle, bibliothèque, chambres, cabinets… donnant sur les jardins. Il faut dire que les prélats nommés à Embrun par le pape étaient souvent issus de familles nobles et puissantes ! Au XVIIe ou XVIIIe siècle, l'aile centrale est doublée et l'aile sud transformée en résidence. L'ensemble de trois ailes délimite deux cours : la cour d'honneur à l'ouest, la cour des communs à l'est. Au milieu du XIXe siècle, l'armée qui occupe les lieux entame une restauration radicale, poursuivie au cours du XXe siècle.

La fonction du palais archiépiscopal a radicalement changé et ses façades actuelles sont très éloignées de leur apparence d'origine. Grâce aux recherches réalisées en 2004, l'image de son faste renaît peu à peu.

---

4. Antoine Albert, *"Histoire ecclésiastique du diocèse d'Embrun"*, 1783, réédition Transhumance, 2006.

A l'intérieur, dans un mur qui a dû être la façade extérieure principale, des bases de colonnettes géminées et une série d'arcatures, encore colorées, ont été dégagées. Elles abritaient des sculptures représentant des archevêques. L'ensemble révèle un mur très ouvragé aux couleurs vives.
Sur la façade donnant sur le jardin, l'encadrement de fenêtres à meneaux a ressurgi, complètement dissocié des niveaux de fenêtres actuelles. D'autre part, contre la Tour Brune, on peut déceler une fenêtre en accolade. Ces typologies font référence à l'architecture gothique.
Le palais donnait sur des jardins bien plus vastes qu'aujourd'hui. Dans l'élan de la Révolution française, sur quelques parcelles, se sont établies de belles demeures bourgeoises, bénéficiant d'un panorama exceptionnel au-dessus de la plaine de la Durance. Au cours de son histoire, le palais des archevêques a accueilli le tribunal de justice, une caserne militaire, une gendarmerie, un collège technique, des salles d'exposition du Parc national des Écrins ou encore l'école municipale de musique et de danse entre-autres ! Il a été inscrit à l'Inventaire supplémentaire des Monuments historiques en 2005 et mériterait de retrouver une partie de son faste d'antan.
La Tour Brune a été aménagée en lieu d'accueil et d'exposition du Parc national des Écrins en 1990. Elle a été rebaptisée Tour du paysage et ses créneaux accessibles offrent un splendide belvédère sur la vallée et les montagnes alentours.
L'actuel presbytère, face à l'entrée ouest de la cathédrale, montre aussi des signes de défense depuis sa restauration : une tour émerge dont la façade est rythmée de meurtrières, c'était la Maison du prévôt.

Une cathédrale en noir et blanc

Fièrement dressée sur le roc, la cathédrale impressionne. À la fois massive par sa nef, elle est, dans le même temps, élancée grâce à son clocher, à ses baies dont le nombre croît plus les niveaux s'élèvent et à sa flèche encadrée de pyramidions[5]. Édifice emblématique d'Embrun, la cathédrale marque le paysage non seulement de la ville mais aussi de toute la région, car elle a servi de modèle à la construction de pratiquement toutes les églises d'altitude du diocèse.
À l'intérieur, le noir des schistes s'oppose à la lumière de la rosace et à la blancheur des calcaires qui surligne les arcs-doubleaux et les voûtes sur croisées d'ogives.

S'agit-il de la cathédrale primitive d'Embrun ? Rien n'est moins sûr ! En effet, des textes du premier quart du XIIIe siècle mentionnent qu'une charte est signée dans l'église *"nouvelle"* de Notre-Dame. Sa construction correspond sans doute à l'accroissement des biens temporels de l'archevêché au XIIe siècle. Des biens qui ne vont que s'accroître puisque Notre-Dame-du-Réal, dérivé du mot royal, est le centre d'un vaste territoire et sera aussi le lieu d'un important pèlerinage à la Vierge, grâce à sa fresque "miraculeuse" représentant *"L'Adoration des rois mages"* sur le tympan du portail nord.
Archevêques et rois contribueront aussi à l'enrichissement de la cathédrale, comme par exemple les premières orgues offertes par le futur Louis XI, alors Dauphin.
Mais le pèlerinage s'éteindra avec la destruction de la fresque par les protestants, conduits par le duc de Lesdiguières en 1585. L'édifice sera d'ailleurs mis à sac et le trésor pillé.

5. Pyramidions : petites pyramides en pierre aux angles des flèches des clochers.

La cathédrale s'en relèvera comme des dégradations dues à la prise de la ville par les troupes du duc de Savoie en 1692.
Après la Révolution française, le diocèse étant supprimé, Embrun perd le siège de l'archevêché. La cathédrale, particulièrement dégradée, sera classée en 1840 grâce à Prosper Mérimée, inspecteur général des Monuments historiques et fera l'objet de plusieurs campagnes de restauration en 1843 et 1844. Malheureusement, en 1852, la foudre frappe le clocher. Il est reconstruit à l'identique comme les deux étages supérieurs, de 1858 à 1867.
Au début du XXe siècle, en enlevant les badigeons qui recouvraient les murs intérieurs, on a pu retrouver la physionomie originelle de la cathédrale avec sa dichromie de pierres et ses peintures murales. Restaurées en 1969, elles ont permis de dégager la scène de la flagellation du Christ, sur une pile à gauche de la nef. Les éléments décoratifs, l'expression des visages, la perspective savante, l'habileté du peintre dans l'utilisation des volumes existants démontrent la valeur de l'artiste sans pouvoir l'identifier. Une autre peinture, à peine visible, a été découverte sur le tympan du portail occidental. Elle représente une Annonciation[6].
D'autres restaurations ont été engagées depuis, notamment celle des orgues de la nef de 2000 à 2007 et de la chapelle Sainte-Anne en 2002.
Depuis 2008, grâce au passé prestigieux de l'archevêché, le titre d'Embrun est réintroduit dans le nom du diocèse qui s'intitule désormais : diocèse de Gap et d'Embrun.
"C'est le monument le plus considérable des Alpes françaises" estime Jacques Thirion[7], historien, spécialiste de l'art médiéval. Du chevet, avec l'étagement des toitures et le décor particulièrement soigné des arcatures et modillons[8], jusqu'à la façade occidentale et son schéma tripartite très lisible, l'ampleur des baies étagées et la rosace centrale prestigieuse, tout raconte l'évolution de la construction, de l'art roman lombard jusqu'à la période gothique. La construction s'est étalée de 1170 à 1225[9], mais la rosace et les étages supérieurs du clocher ont sans doute été réalisés à la fin du XIIIe siècle.
De nombreux éléments illustrent l'apport de l'art lombard dans la construction de cet édifice : à l'extérieur, le porche et le clocher, les arcatures supportées par des modillons, les sculptures décoratives ou historiées : atlantes, lions, masques, et à l'intérieur, les jeux de couleurs avec l'alternance de pierres blanches et noires ou encore les piles à colonnes engagées.
Les parties architecturales les plus remarquables sont le porche, appelé "Réal", et le clocher.
Sur la façade nord, deux portes avaient été ouvertes, dont la plus majestueuse a été protégée le "Réal", particulièrement élégant avec ses colonnes supportées à l'avant par des lions. Celui de droite tient dans ses griffes un enfant dont le vêtement marque l'appartenance à la première moitié du XIIIe siècle. Il symbolise le bien. L'autre tient un animal et symbolise le mal. À l'arrière, quatre colonnettes, retenues ensemble par des ligatures, sont soutenues par des atlantes, motifs très prisés en Italie. Un petit personnage est accroché à la manière d'un singe à ces colonnettes, comme derrière des barrières. La légende veut qu'il représente le prévôt, grand argentier de l'archevêché. Les pentures en fer forgé des vantaux de la porte datent du XIVe siècle. Le tympan représente une sculpture du Christ en majesté, bénissant, tenant le Livre et entouré des symboles des évangélistes. Ce tympan a été redécouvert en 1860, sous le support de la fresque dite "miraculeuse".

---

6. Marguerite Roques, *"Les tympans à peinture dans les églises des Alpes françaises du sud au XVe et au XVIe siècles"* dans le bulletin de la Société de l'histoire de l'art français, 1955.
7. Dans *"Alpes romanes"*, éditions du Zodiaque, 1980, p. 4052.

8. Modillons ou corbeaux: éléments souvent sculptés servant à l'origine à supporter une corniche ou une retombée d'arcature.
9. Selon J. Thirion.

Le clocher est particulièrement imposant : c'est une tour carrée de 35 mètres de hauteur, couronnée par une flèche octogonale de 16 mètres de haut environ, accompagnée de quatre pyramidions. Il n'est pas complètement hors œuvre comme la plupart des édifices lombards, mais inséré contre la nef ce qui a nécessité des arcs de décharge particuliers dans les murs de l'édifice.

La haute flèche n'est sans doute pas antérieure au XIVᵉ siècle. Clocher et porche sont les éléments qui ont été les plus diffusés dans le diocèse car pouvant facilement être rajoutés à des édifices déjà construits. Ce clocher à flèche a servi de modèle jusqu'au XIXᵉ siècle.

Le plan de la cathédrale est extrêmement simple : la nef centrale se termine par une abside, les collatéraux, plus étroits, par des absidioles. Ce schéma est typique des églises du premier art roman. Pourtant les voûtes de la nef sont, elles, parfaitement gothiques supportées par des croisées d'ogives.

Les piles sont constituées d'un massif rectangulaire et d'une colonne engagée. Celles-ci sont juchées sur un haut soubassement rectangulaire qui va en diminuant de hauteur plus les piles se rapprochent du chœur, accentuant ainsi l'effet de perspective.

Malgré les pillages, de nombreux objets mobiliers viennent encore aujourd'hui embellir et éclairer l'intérieur de l'édifice. La double rangée de stalles dans l'abside compte parmi les plus beaux exemples du XVᵉ siècle dans le sud-est. Le maitre-autel ouvragé, en marbre, est imposant et raffiné grâce aux têtes de chérubin qui émergent des angles. Autels et retables de qualité ponctuent les bas-côtés et les absidioles.

L'orgue imposant de la nef, construit en 1464, a certainement été offert par le dauphin Louis, futur Louis XI. Grâce à la restauration, des couleurs vives ont été retrouvées : rouge, bleu, vert, orange et noir, ou or. Elles laissent imaginer l'instrument somptueux posé sur son nid d'hirondelle également polychrome et doré. Ensuite, de multiples interventions ont modifié le buffet, remplacé le clavier comme en 1750, où le facteur d'orgue suisse Samson Scherrer ajoute devant la partie supérieure du buffet une enveloppe de style XVIIIᵉ et remplace le positif de 1635 par un autre positif à l'image du buffet. La restauration a permis de conserver et de mettre en valeur tous ces éléments anciens.

Enfin la cathédrale possède un trésor reconstitué par les archevêques notamment, après la mise à sac de l'édifice par les protestants. Ciboires, calices, patènes, ostensoirs, reliquaires, croix… de très belles pièces d'orfèvrerie sont conservées dans la chapelle Sainte-Anne et la sacristie, dans une mise en scène orchestrée depuis le XVIIIᵉ siècle. Mais il ne faut pas oublier non plus les antiphonaires enluminés, tableaux et ornements liturgiques. La collection de vêtements sacerdotaux, de la fin du XVᵉ siècle à la Restauration, illustre le passage de l'art de la broderie à l'aiguille à celui du métier à tisser. L'ensemble constitue le quatrième trésor religieux de France et mérite que l'on s'y attarde… le temps d'une visite guidée.

La Maison des chanonges

Face à la cathédrale, cette maison accueillait le chapitre, anciennement collège des chanoines. Le chapitre métropolitain d'Embrun comprenait de douze à dix-huit chanoines (ou chanonges), parmi lesquels étaient désignés le prévôt, l'archidiacre, le sacristain et le chantre.

De style roman, cette maison date probablement du XIIIe siècle. Elle a subi de nombreux désordres lors des guerres et a donc été plusieurs fois rénovée puis réaménagée en appartements après la Révolution française. Jusqu'en 1986, début de sa restauration, très peu d'éléments laissaient imaginer une telle façade ! Lors de son dégagement, arcs, chapiteaux, colonnettes ont été redécouverts. Les étages à baies géminées comme la porte d'entrée surmontée d'un arc en dichromie ont pu être restitués. Son architecture et le jeu des couleurs établissent une forme de dialogue avec la cathédrale.

Une sculpture en haut-relief représente un lion dévorant une chèvre ou un bouc, que l'on peut interpréter comme l'Eglise catholique terrassant le péché, la luxure (bouc que l'on retrouve aussi dans le thème des *"Vices et des vertus"*).

À l'intérieur, des peintures murales datées de 1513 ont été mises au jour et restaurées. Elles représentent une scène de la légende de saint Eustache, proche de celle de saint Hubert : il aurait été converti par la vision d'un cerf portant une croix dans ses bois, lors d'une partie de chasse.

Cette maison était également le lieu du rassemblement annuel de la confrérie de Saint-Joseph, confrérie des charpentiers, au XVe et XVIe siècles. Ses membres distribuaient du pain et du potage de fèves aux pauvres sur son parvis[10].

Propriété de la ville, inscrite à l'Inventaire supplémentaire des Monuments historiques depuis 1927, la Maison des chanonges est classée depuis 1988, date de la découverte des peintures murales.

Des expositions y sont régulièrement proposées depuis 2006.

Clovis Hugues, poète amoureux d'Embrun

Ce journaliste, poète, écrivain, félibre[11], député de gauche à Marseille puis à Paris, est particulièrement célébré dans sa ville d'adoption. Il y venait régulièrement pour se reposer et rencontrer ses amis. Le haut de la rue principale porte son nom. Son buste, signé de sa femme Jeanne, orne les jardins de l'archevêché et à ses pieds deux enfants sont plongés dans un de ses écrits. Son poème *"Le droit au bonheur"* que Jaurès lui demande de déclamer, au banquet d'union de Saint-Mandé en 1896, deviendra un refrain lors des congrès et fêtes du mouvement socialiste. Il a dédié un de ses poèmes à Embrun et y a situé l'action de son dernier roman *"Le temps des cerises"*. Il repose au cimetière de la ville après être décédé à Paris en 1907.

L'Hôtel des gouverneurs

À l'image de la Maison des chanonges, la façade de l'Hôtel des gouverneurs mériterait une restauration. Appareillée en pierre de taille, elle laisse entrevoir des décors témoins d'une richesse passée. La porte, en arc ogival, cernée de pierres blanches et noires, est particulièrement ouvragée. Classée Monument historique en 1978, elle comporte 28 panneaux sculptés en bois de style Renaissance, très réguliers mais uniques dans leur décor composé d'éléments très proches. Au-dessus, à droite, un lion aux canines acérées surgit de la façade emprisonnant une tête humaine entre ses pattes. Plus haut encore, subsistent des fragments de baies géminées encadrées de colonnettes. L'ensemble remonte à plusieurs époques différentes : XIIe, XIVe et XVIe siècle. Il a été partiellement dénaturé au XIXe siècle.

---

10. R. de Labriolle, *"Livres liturgiques de l'ancien diocèse d'Embrun"*, SEDHA, 1979.

11. Félibre : membre de la société du Félibrige, association littéraire créé en 1854 par Frédéric Mistral pour assurer la défense des cultures régionales traditionnelles, notamment la langue provençale.

Du couvent des Cordeliers à l'Office de Tourisme

En franchissant la porte de l'Office de Tourisme, difficile de s'imaginer parcourir les anciennes chapelles d'un couvent… Et pourtant ! En observant les murs extérieurs de l'édifice, en détaillant la forme des espaces, en levant le regard vers les voûtes, on ne peut qu'être frappé par ces témoignages d'une histoire ancienne, ressurgie dès 1969, date de la restauration des peintures.

Au XVe siècle, ces voûtes sur croisées d'ogives et ces murs ont servi de support à l'enseignement de l'histoire catholique en opposition à la doctrine des Vaudois[12]. Le cycle de la vie de saint Jean-Baptiste, les légendes de saint Antoine de Padoue et de Catherine d'Alexandrie, une crucifixion entourée de quatre saints : Antoine l'ermite, François d'Assise, Jean l'évangéliste et Nicolas de Bari, la messe de saint Grégoire,… autant de thèmes dont l'objectif est d'affirmer les fondements de la foi catholique des Embrunais et d'inciter à la dévotion populaire. Outre les thèmes centraux, des bordures décorées cernent chaque scène et peuvent être, elles aussi, extrêmement détaillées et fines. Cet ensemble témoigne de la vitalité de ce couvent et confirme la variété des influences de ce lieu de passage et de rencontre.

De l'ancien couvent, il ne reste plus que le réfectoire, l'emplacement du cloître (parties privées), les chapelles nord et le portail d'entrée de l'église, intégré maintenant à la façade d'entrée de l'actuel Office de Tourisme.

Le premier couvent des cordeliers a été édifié au XIIIe siècle, à l'extérieur de l'enceinte, à proximité de la porte Saint-Esprit en direction de Gap. Les pillards provençaux le trouveront sur leur route en 1368 et le détruiront comme tous les bâtiments des faubourgs. Une nouvelle construction est donc envisagée à l'intérieur de l'enceinte. Elle est consacrée en 1443[13].

Le nom des "cordeliers" s'inspire de la corde qu'ils avaient nouée à la taille et l'ordre dépendait des Franciscains, ordre mendiant. Ce couvent, abandonné à la Révolution française, a servi de halle aux fourrages, d'écuries, de local pour le matériel des pompiers et à partir des années 1960 de Syndicat d'initiative transformé en Office de Tourisme. En 1907, un incendie anéantit le chœur voûté et peint de l'église et la commune décidera de la destruction de la nef en 1912.

L'implantation de l'édifice peut encore se lire grâce aux pavages de la place Dosse.

La place de la mairie

Très vivante, aux allures provençales les jours de marché, cette place est la plus vaste de la vieille ville. Elle a été ouverte par le duc de Lesdiguières, commandant les troupes protestantes en 1585 lors de la prise d'Embrun. Il a donné l'ordre de détruire l'église Saint-Pierre qui s'y trouvait, dégageant ainsi un large espace. C'est lui qui prescrira la réalisation de la fontaine particulièrement ouvragée, en forme d'hémicycles aux angles alternés. Quatre masques humains, rappelant le style lombard, soufflent encore actuellement l'eau par des becs très simples. Aujourd'hui, la place rend hommage à un Embrunais, Eugène Barthelon, qui fit fortune à Marseille pour ensuite léguer tous ses biens à sa ville natale. Cette place a été réaménagée en 2004.

---

12. Vaudois : membres de la communauté religieuse fondée par le lyonnais Pierre Valdo à la fin du XIIe siècle. Il prône notamment la pauvreté évangélique et la lecture des textes saints.

13. Joseph Roman, "Répertoire archéologique des Hautes-Alpes", 1888.

Les façades, aux couleurs franches et vives, retrouvent peu à peu leurs teintes d'origine. Depuis 1988, une zone de protection du patrimoine architectural, urbain et paysager (ZPPAUP) couvre la ville d'Embrun et permet de donner un cadre à toute restauration de bâtiment.

La mairie s'impose au regard par sa grande façade ordonnancée. À la fin du XVIe siècle, un hôtel particulier avait été construit : il deviendra la Maison des consuls (représentants du pouvoir civil) au début du XVIIe siècle puis Hôtel de ville. En 1825, le bâtiment est réaménagé, comme en témoigne la date gravée sur le linteau de la porte d'entrée. Sur le côté, des fenêtres à barreaux et une porte à judas rappellent que de 1783 à 1926 une partie de l'édifice était consacrée à une maison d'arrêt[14]. Au premier étage, l'ancienne salle du conseil municipal a conservé son aspect cossu avec ses tentures rouge foncé et son décor du XIXe siècle.

Sous le roc

Cette plaine alluviale, à vocation agricole, donne à Embrun son aspect pittoresque.
Constituée de champs, d'une mosaïque de jardins potagers et de cabanes, elle est peu boisée et traversée par des canaux d'irrigations. Ces traits principaux sont protégés depuis 1978, année de classement du site, même si l'étau de l'urbanisation a tendance à se resserrer : la route nationale, déviation d'Embrun, la borde au sud-est depuis 2007 et la zone commerciale s'étale de plus en plus au sud-ouest…

---

14. *"Les prisons d'Embrun"*, Jean Vandenhove, collection "Le passé de l'Embrunais", 2004.

À LA VILLE D'EMBRUN

Le ciel m'est à témoin que ton vieux Roc m'attire
Ainsi qu'un vaste aimant mystérieux et pur.
Je suspends à tes pins mon bâton et ma lyre
Comme l'ancien prophète aux grands cèdres d'Assur.

Je ne puis ni pleurer doucement, ni sourire,
Que devant tes sommets envolés dans l'azur ;
Je vois s'épanouir, loin des vents en délire,
La bonté dans tes cœurs et les fleurs dans ton mur.

Et c'est pourquoi je t'offre, ô Ville maternelle,
Ce livre né de toi, dans l'ombre de ton aile,
Pendant que la Durance au flot illimité
S'en allait recueillir, entre l'Orme et l'Yeuse,

Le torrent qui berça mon enfance rêveuse
Et l'adopter ainsi que tu m'as adopté !

Clovis Hugues

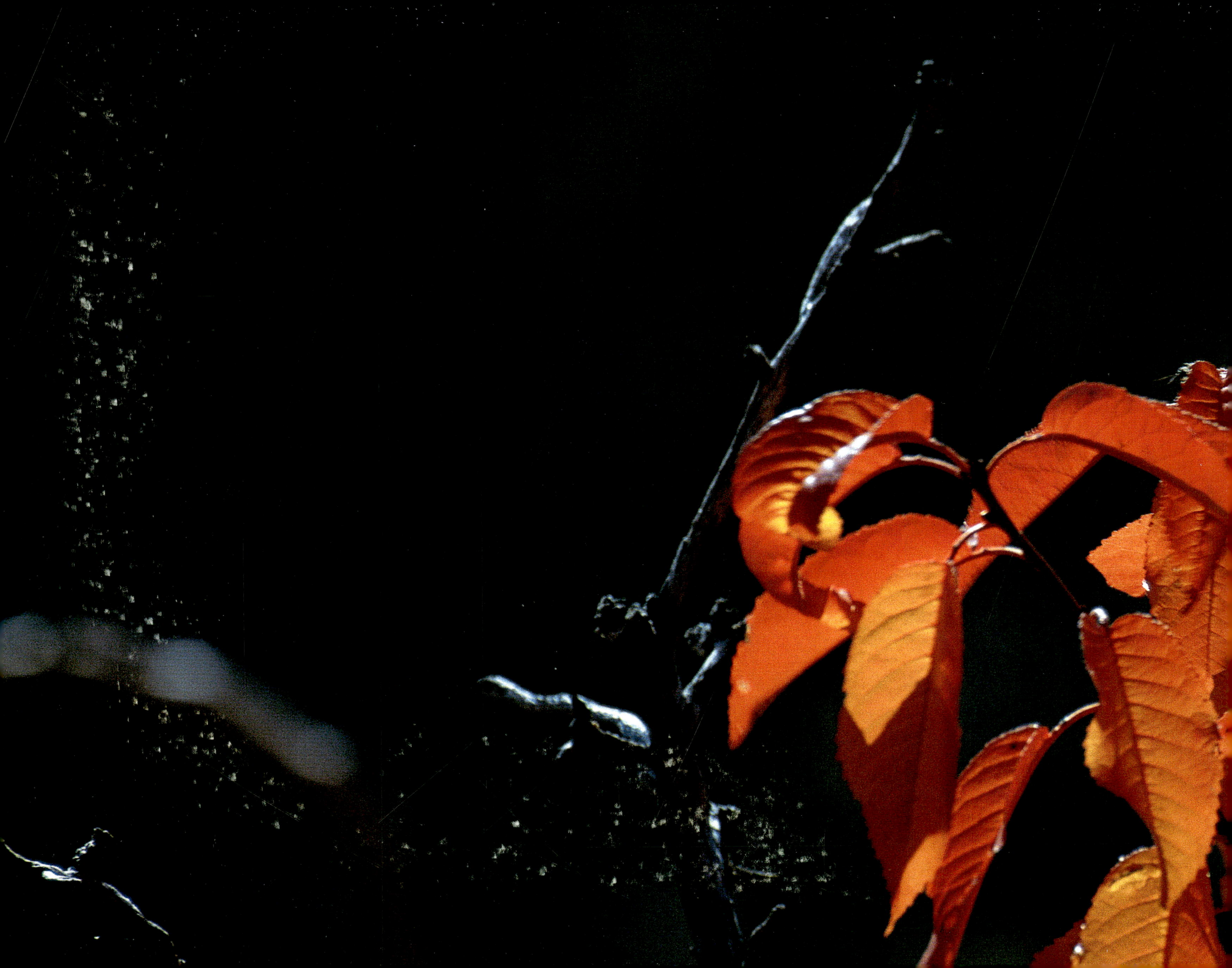

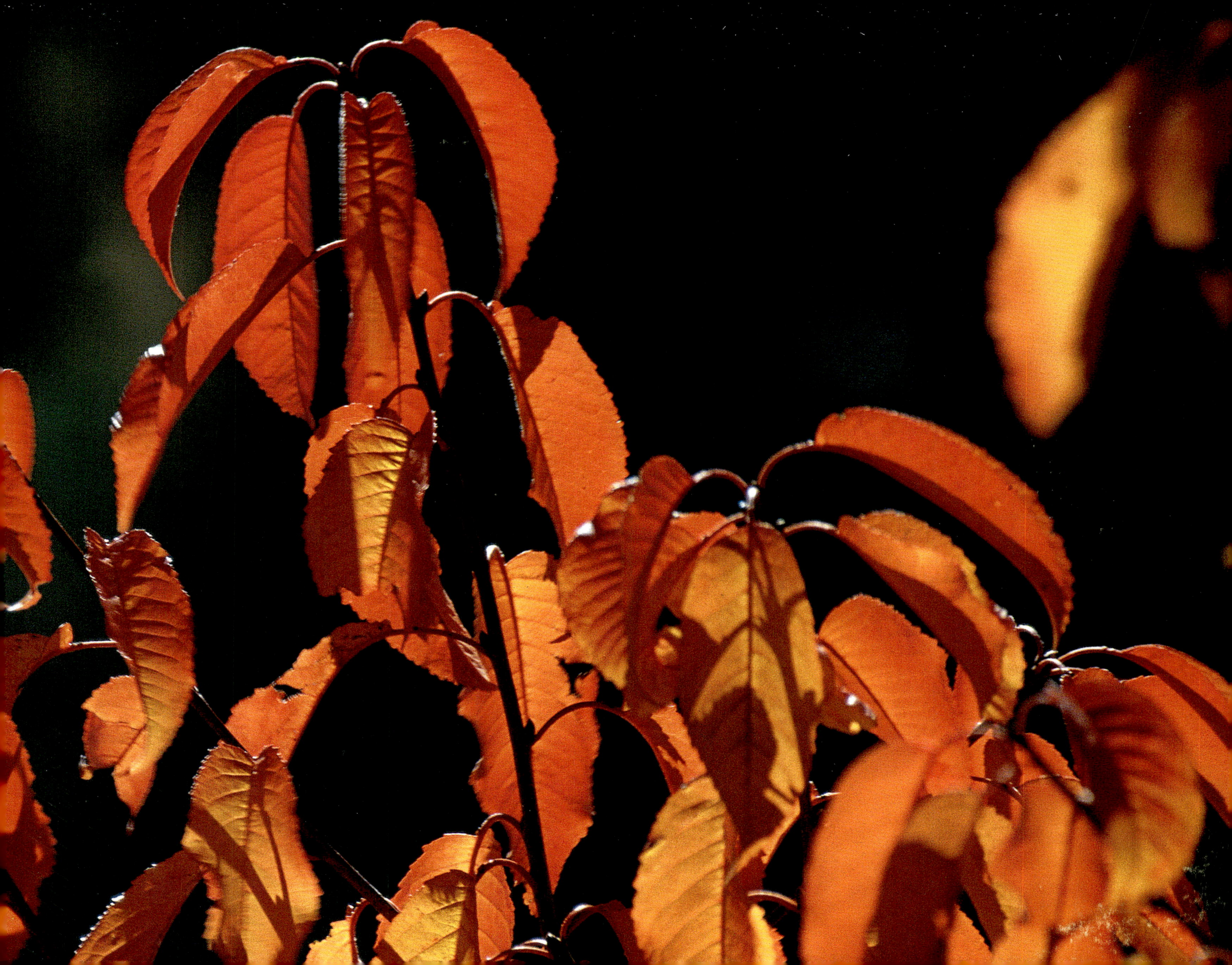

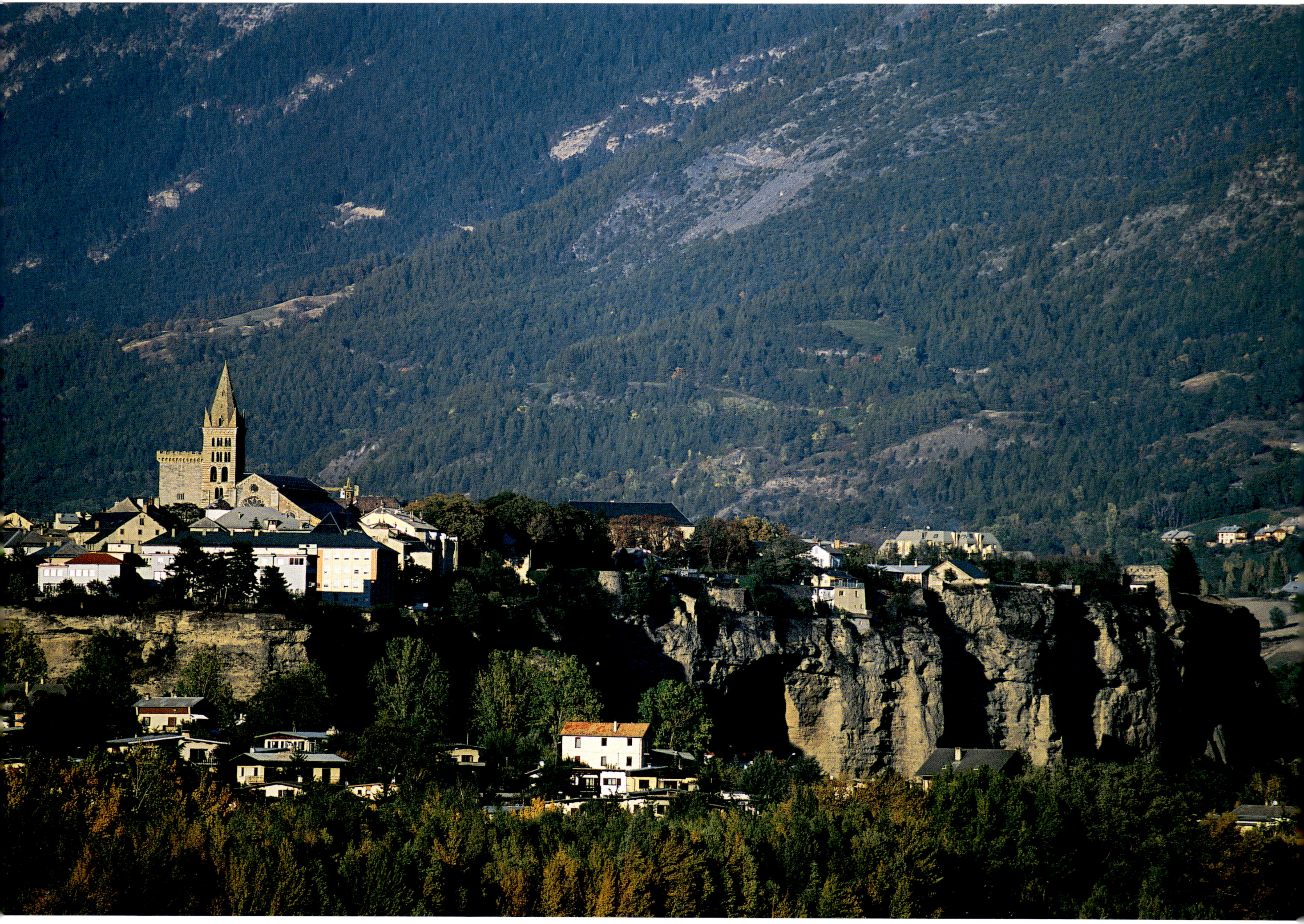

Vue nord

Vue ouest

Embrun sur son roc

LA CATHÉDRALE

Le clocher de la cathédrale d'Embrun

Les orgues de la nef

Tableau de Notre-Dame-du-Rosaire

Le chœur de la cathédrale vu de la nef

LA CATHÉDRALE

Le trésor de la Cathédrale d'Embrun

L'Adoration des mages

Les orgues de la chapelle Sainte-Anne

LA CATHÉDRALE

La Tour Brune

L'Hôtel des gouverneurs

L'Hôtel de ville

PLACE DE LA MAIRIE

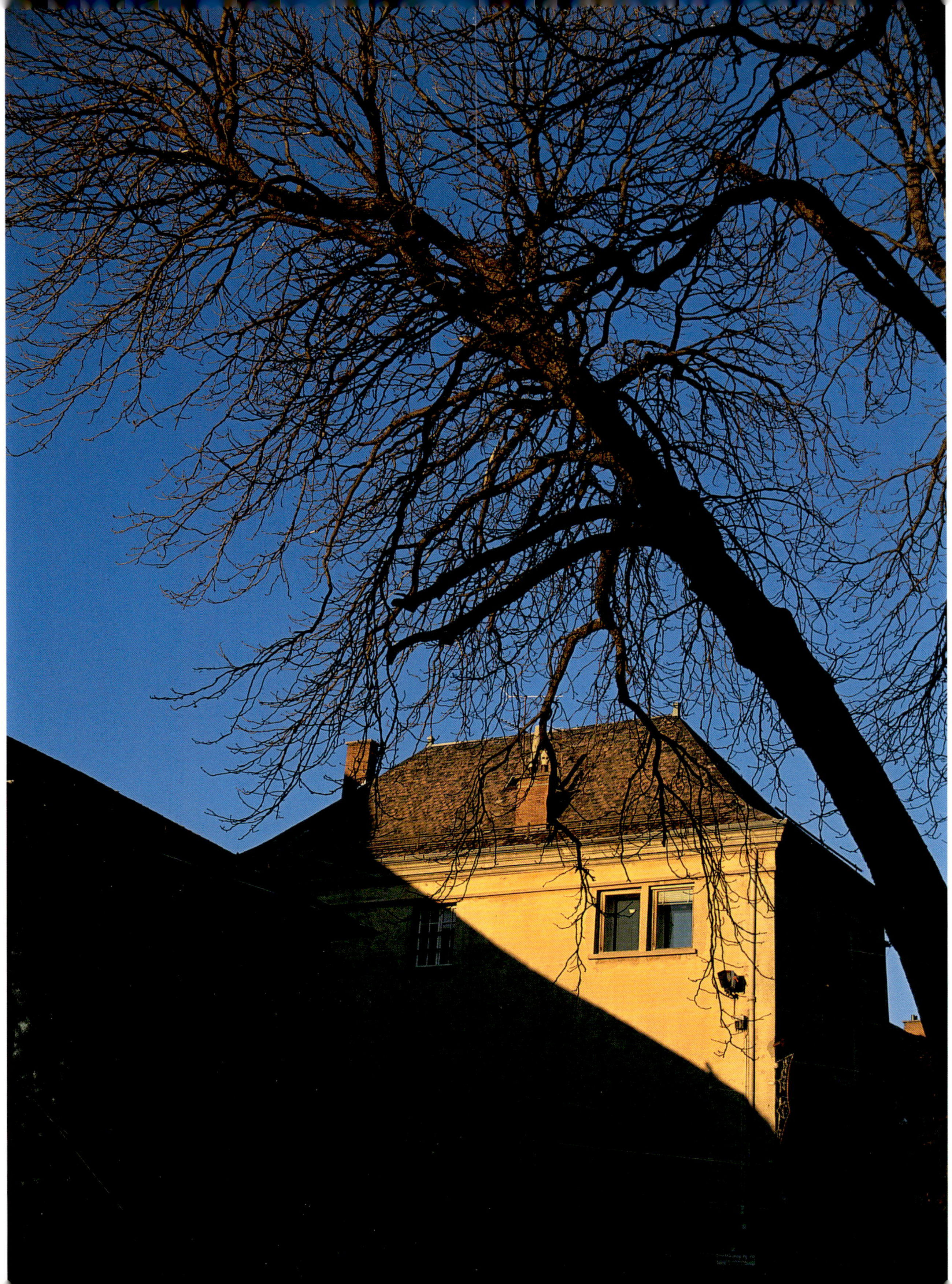

Façade donnant sur la cour d'honneur

L'ARCHEVÊCHÉ

Le mémorial à Clovis Hugues

Le buste de Clovis Hugues

L'archevêché

Le jardin de l'archevêché

L'ARCHEVÊCHÉ

Vue depuis le jardin de l'archevêché

LES REMPARTS

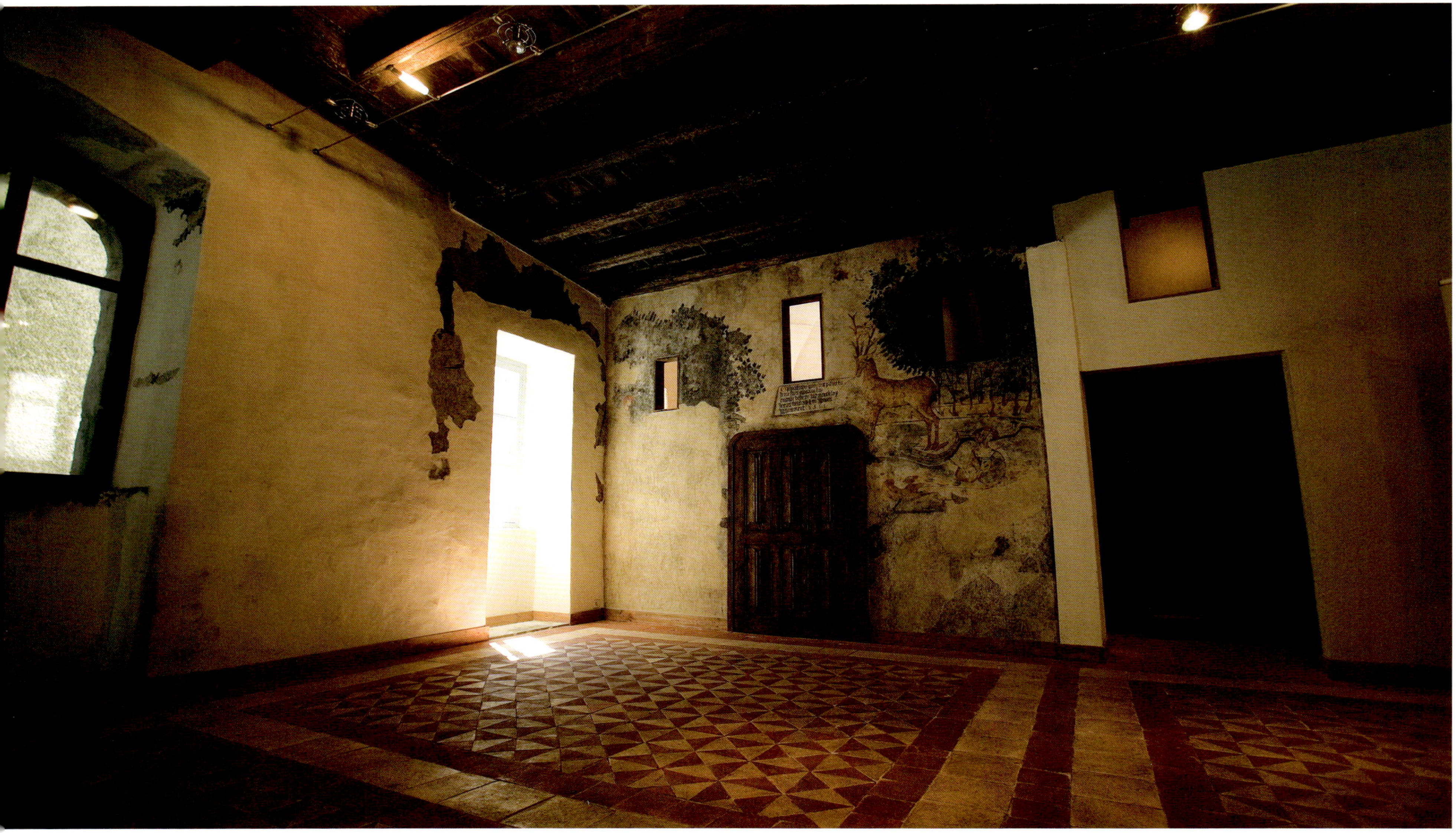

Tombe romaine découverte lors de l'aménagement de l'ancienne église Saint-Donat

Fresque retraçant la légende de saint Eustache (1513)

LA MAISON DES CHANONGES

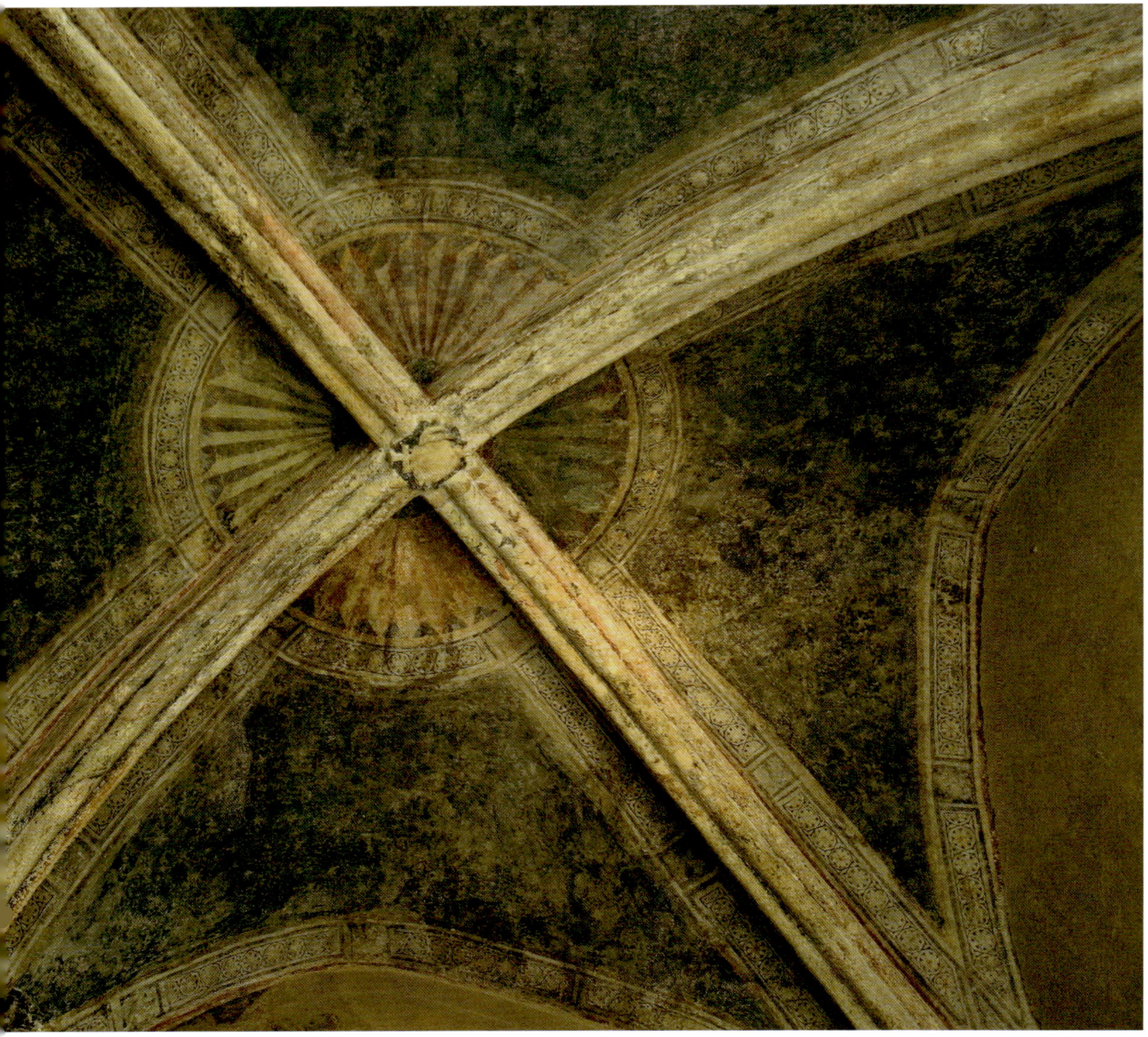

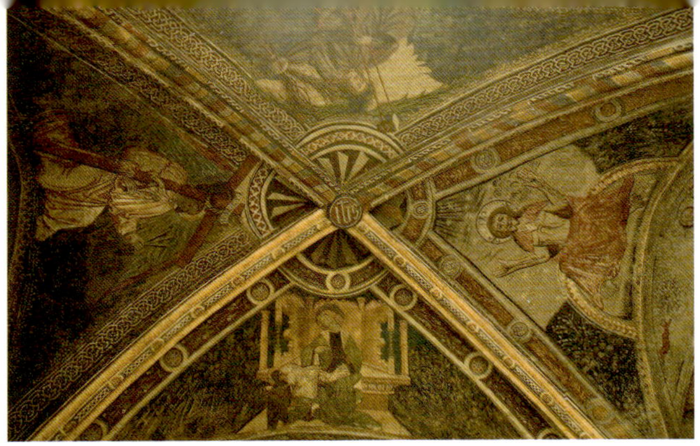

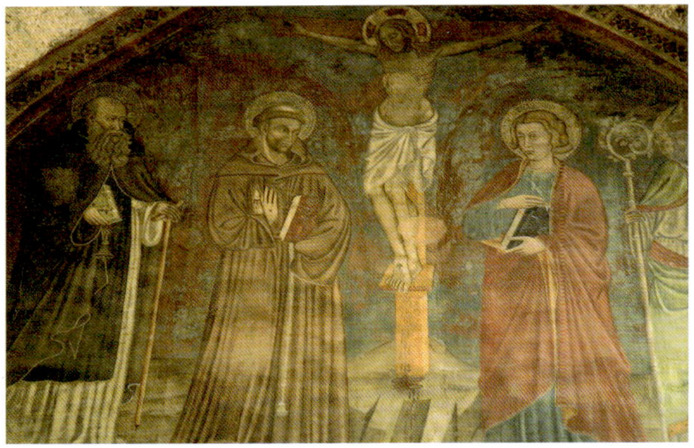

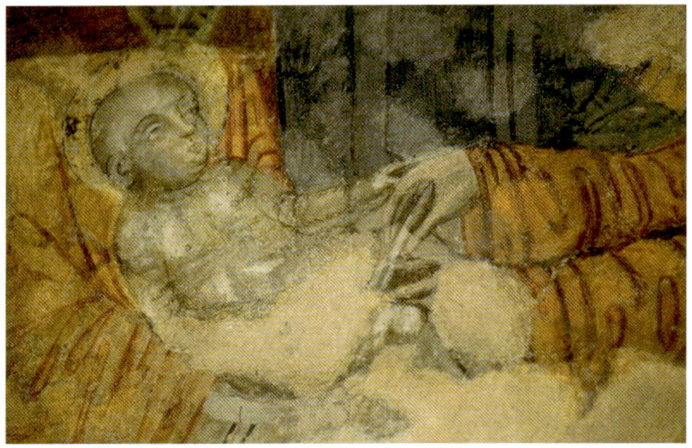

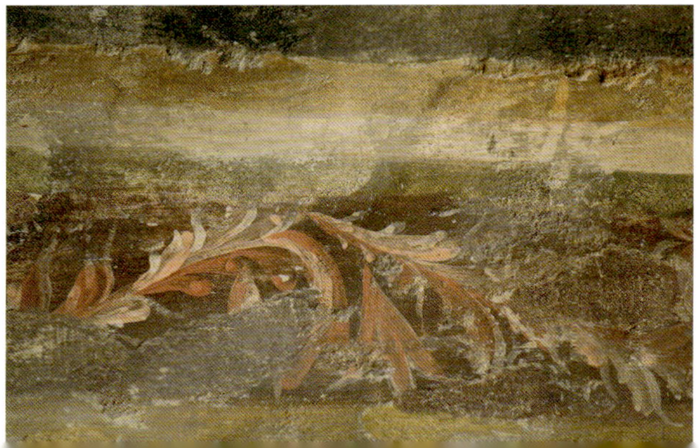

ANCIENNE ÉGLISE DES CORDELIERS

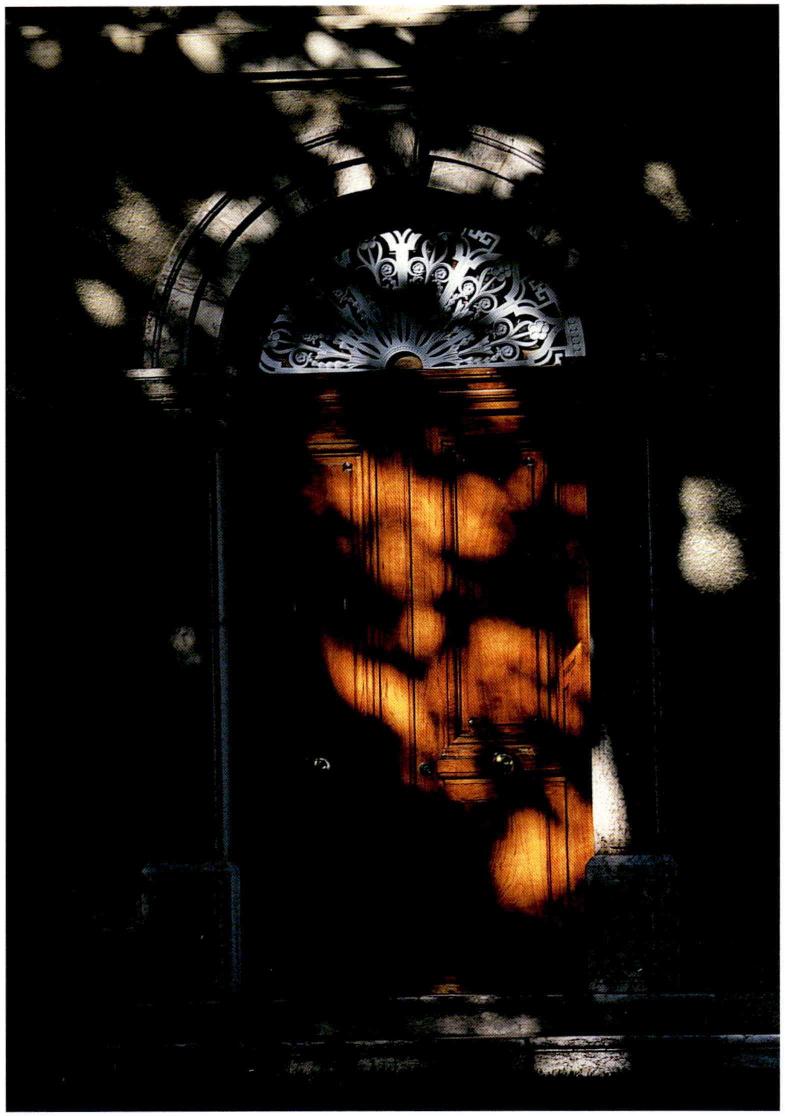

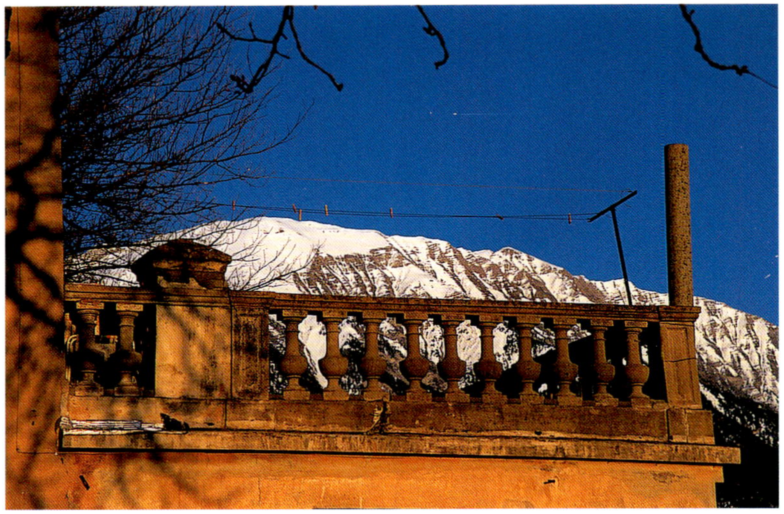

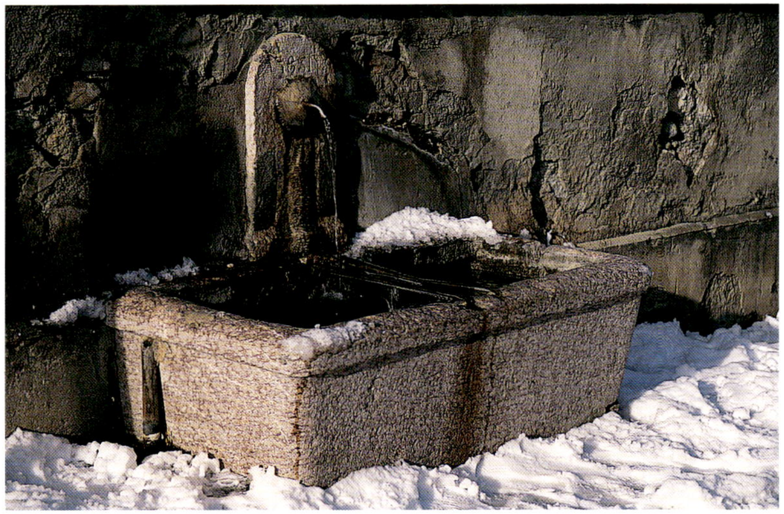

L'ancienne porte d'entrée du Carré des archevêques

La Tour du prévôt

AU CŒUR D'EMBRUN

Le jardin de l'archevêché

La plaine

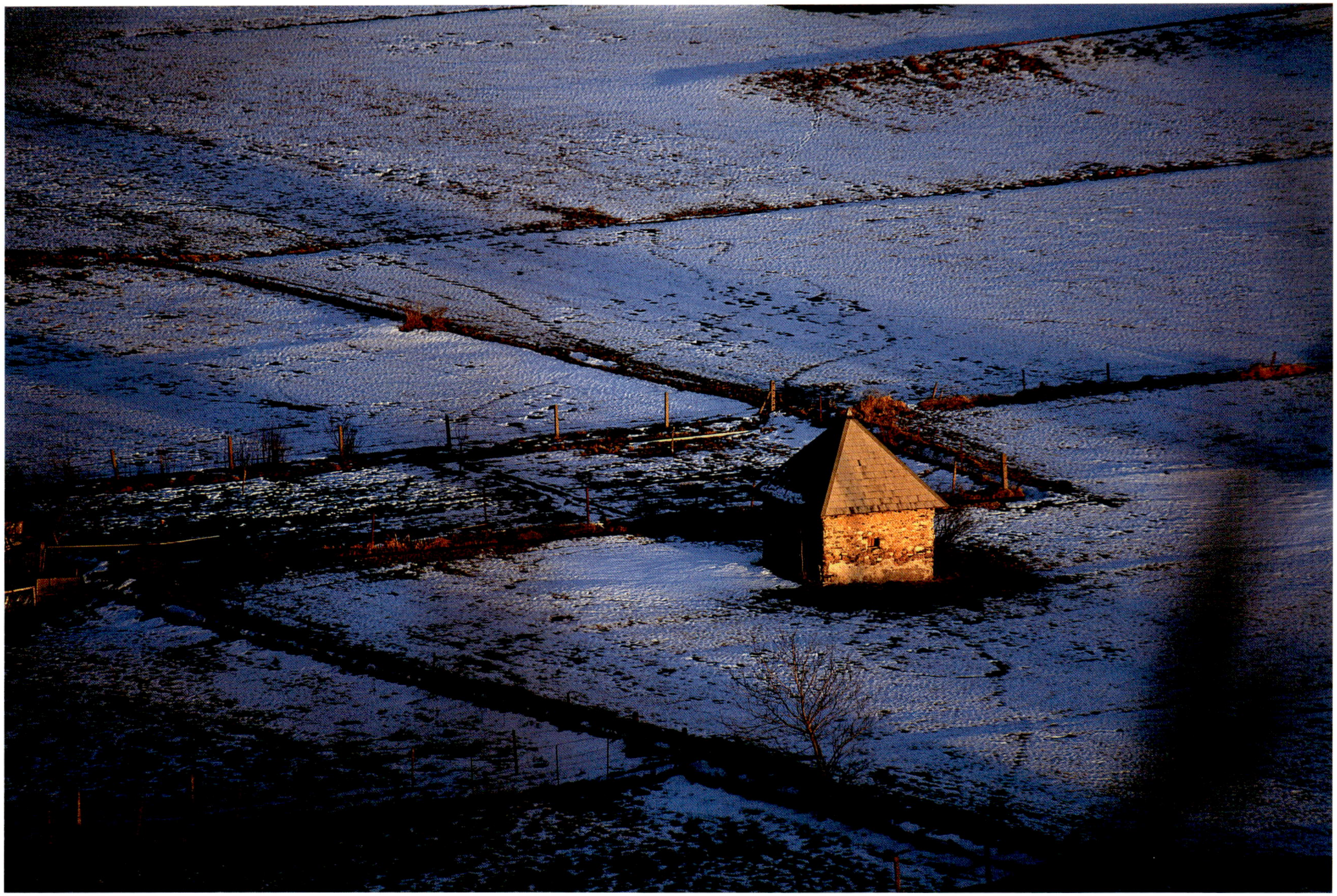

SOUS LE ROC

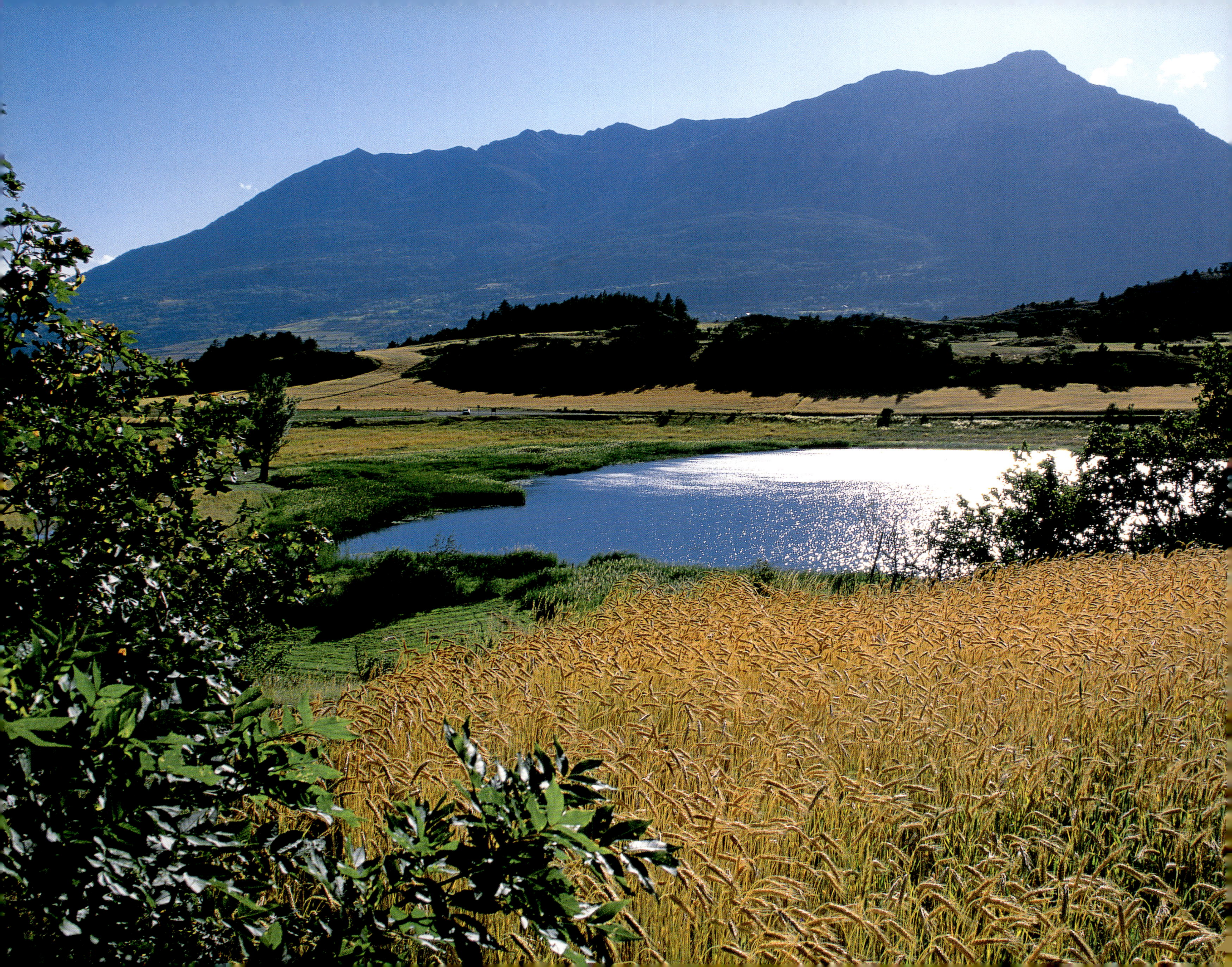

de CHATEAUROUX à BARATIER

par les ORRES

Châteauroux
Lac de Siguret
Saint-André-d'embrun
EMBRUN
Les Celliers
Saint-Sauveur
Crévoux
Baratier
Les Orres
Le Parpaillon

de CHATEAUROUX à BARATIER
par les ORRES

Au fil de l'eau, suivant les remous de la Durance, la vallée embrasse un territoire de plus en plus ouvert à partir de Châteauroux.

Comme une couronne, la Queste, le Mont Orel, le Méale, le Mont Guillaume ou un peu plus reculés, le Boussolenc, le Pouzenc et le Morgon caractérisent l'Embrunais.

Dans un face à face orchestré par la Durance, Châteauroux-les-Alpes et Saint-André-d'Embrun sont les contreforts de ce territoire à la fois homogène et très diversifié. Des vallées, où aujourd'hui la population se concentre, aux alpages, terres des troupeaux en estive, jusqu'aux sommets propices aux randonnées, les paysages de l'Embrunais ont évolué suivant l'occupation humaine.

Chaque village a un caractère, une identité, impulsés par la montagne qui le surplombe, déterminés par l'orientation des flancs sur lequel il s'accroche, par la route qui le traverse, par une édification concentrée ou éclatée, des éléments qui ont fait et font encore leur actualité.

De Châteauroux, commune la plus étendue, à Baratier, la plus restreinte, chacune a son histoire particulière, insérée dans un contexte général à toutes.

Les plus anciennes traces de passage humain remontent à l'âge du Bronze, avec notamment des sépultures retrouvées surtout en altitude. Puis les tribus gauloises ou celtes ont été intégrées par l'occupant romain.

Une fois l'Empire romain effondré au VIe siècle, les invasions de barbares se sont succédées : Burgondes, Saxons, Lombards, Sarrasins… jusqu'au Xe siècle. A partir de cette période, les communautés villageoises vont s'établir, se structurer, se montrer solidaires pour résister aux difficultés liées aux évènements climatiques, aux incendies ou aux inondations, aux épidémies ou aux guerres de religion.

Le nord des Hautes-Alpes a particulièrement été sensible aux arguments du mouvement vaudois à partir du XIIe siècle. Vocation de pauvreté, priorité à la lecture des textes saints, refus des différents intermédiaires, qu'ils soient hiérarchiques ou dogmatiques, tels étaient les fondements de ceux que l'on appelait à l'origine "Les pauvres de Lyon" réunis par Pierre Valdo. Déclarés hérétiques, les Vaudois viennent de Lyon se réfugier dans ces vallées reculées en altitude où ils transmettront leurs valeurs à la population locale. Ils subiront les réactions de l'Eglise catholique : procès en sorcellerie, persécutions, massacres, inquisitions conduits par les Cordeliers notamment.

A la fin du XVe siècle, une campagne d'évangélisation de la population est lancée par l'archevêque Jean Bayle, avec la construction d'églises dans les villages d'altitude, généralement sur l'emplacement d'une chapelle préexistante, et la réalisation de peintures murales pour diffuser l'histoire catholique et orienter la dévotion populaire.

Les Vaudois rejoindront la réforme protestante en 1530 et la région sera à nouveau secouée par des guerres entre catholiques et protestants.

Durant l'été 1692, d'autres destructions seront le fait des troupes du duc de Savoie. Elles envahissent le territoire de l'Embrunais en débouchant du col de Vars pour se répandre jusqu'au Gapençais. C'est dans ce contexte que Vauban, ingénieur des fortifications, viendra améliorer la protection des cités en projetant par exemple la réhabilitation des fortifications d'Embrun. A la Révolution française, peu d'évènements violents se produiront, si ce n'est au sein de l'archevêché d'Embrun où des archives brûleront : l'archevêque, Monseigneur de Leyssin, sera contraint à l'exil.

Le XIXe siècle sera le siècle du progrès avec une forte progression de la démographie liée à des meilleures conditions d'hygiène et à une amélioration de la production agricole.

Châteauroux, histoire d'une route

Entre la Durance et des sommets de plus de 3 000 mètres, dont certains dans le Parc national des Ecrins (Tête de Couleau ou Tête de Vautisse), plus d'une trentaine de hameaux s'étagent sur le plus vaste territoire communal de l'Embrunais. Surplombant la vallée, l'église Saint-Marcellin, sur les contreforts de la montagne de Clotinaille, marque de son empreinte la silhouette du village.

Là, à partir du Xe siècle, le bourg primitif s'est regroupé autour du château construit sur un promontoire pour mieux surveiller l'arrivée d'éventuels envahisseurs. C'est sans doute un des châtelains qui a transmis son nom au village. En effet, en 1154, des documents mentionnent *"Castel Rodulphi*[1]*"*, le château de Rodolphe, qui au cours des âges s'est transformé en "Châteauroux". Aujourd'hui, il ne reste que quelques pans de mur : il aurait été détruit sur l'ordre de l'archevêque d'Embrun lors des menaces des troupes protestantes au XVIe siècle[2].
L'église, construite dans l'élan de rénovation des paroisses de l'archevêché à la fin du XVe siècle, a été remaniée à de nombreuses reprises. Elle a conservé son clocher à flèche et pyramidions et présente au nord une base de tour ronde qui semble plus ancienne ? Peut-être appartenait-elle auparavant au château ? L'intérieur, restauré à de multiples reprises, est ample, orné d'un retable doré de style baroque. Pourtant, l'humidité qui y règne rend tout embellissement très provisoire…

L'histoire de Châteauroux est liée à l'évolution de la route.
Au XVIIIe siècle notamment, la route nationale est ouverte en contrebas : le chef-lieu va donc s'installer à proximité de cette nouvelle voie. Dans le même mouvement, en 1826, la construction d'une nouvelle église, dédiée à saint Irénée, débute sur l'emplacement de la chapelle Saint-Antoine. La mairie descend alors à proximité de la nouvelle église, même si une mairie-annexe est conservée au hameau de Saint-Marcellin. A la fin des années 60, elle continue à descendre pour être installée dans un bâtiment neuf, sur la place intitulée "de la mairie". Les écoles vont suivre le même chemin. Au XIXe siècle, six écoles sont réparties sur tout le territoire de la commune. Mais, petit à petit, avec l'exode rural, les écoles fermeront jusqu'à n'en compter que deux, une à Saint-Roch et une autre au hameau des Mathieux, à proximité de l'église Saint-Irénée. En 1996, tout est regroupé dans une école moderne, sous la mairie.
D'ailleurs, depuis 1995, le trafic routier ne traverse plus la rue principale du hameau des Aubergeries : une déviation est réalisée encore un peu plus bas, le long de la voie ferrée.
En fond de vallée, la Durance offre des rouleaux appréciés des amateurs d'eau vive car au confluent du torrent du Rabioux et de la Durance, une vague écrasante, toujours en mouvement amuse les sportifs et effraie les néophytes, notamment le jour de la compétition du Rabioux River Rodéo en été. Au-dessus, sur un replat, la petite chapelle Saint-Jame veille…

1. Joseph Roman, *"Dictionnaire topographique des Hautes-Alpes"*, 1884.
2. Jacques Humbert, *"Embrun et l'Embrunais à travers l'histoire"*, 1972.

La vigne de Châteauroux

La tradition viticole de l'Embrunais est, depuis bien longtemps, ancrée dans la mémoire des agriculteurs et à Châteauroux, elle est toujours bien vivante. Même si les surfaces plantées se sont amenuisées, le paysage révèle de nombreuses traces de cette culture sur les coteaux sud, avec aménagement de restanques sur de petites parcelles, de part et d'autre de l'ancienne route nationale.

Juste après la Révolution française, une enquête avait été lancée pour estimer les modes de fonctionnement des communautés et leurs moyens de subsistance. Pour la commune de Châteauroux voilà ce que l'on pouvait y lire :
"*Le vin qui se perçoit dans le vignoble de la commune de Châteauroux excède de beaucoup la consommation des habitants ; il est leur plus grande ressource pour payer leur charges, et pour se procurer les choses de première nécessité qu'ils ne récoltent pas mais il est de mauvaise qualité, il ne peut être exporté que dans le voisinage, à Embrun ou à Mont-Dauphin, lorsqu'il y a de la garnison ; s'il n'y a pas de garnison, l'excédent de cette espèce de récolte devient inutile et dédommage à peine des frais de culture et, dès lors l'habitant est dans l'impossibilité presque assurée de payer ses charges, de payer le sel, le cuir et le fer qui lui sont nécessaires*[3]".

La production de vin était donc importante pour l'époque, même si elle n'était pas d'une très grande qualité. Elle va s'effondrer à la fin du XIXe siècle, avec la propagation du phylloxéra doublée de l'exode rural, sans oublier l'arrivée du chemin de fer qui va faciliter les importations des vins de Provence.

L'intérêt pour la vigne renaît à Châteauroux en 1988 avec la création de "l'association pour la rénovation culturelle viticole des coteaux de Haute Durance", dynamisée grâce à la réalisation d'une exposition par le Parc national des Écrins. Les cépages existants sont inventoriés et révèlent une grande variété de provenance ainsi que des périodes de développement différents. Les agriculteurs, la mairie et le Parc ont planté une vigne expérimentale, encadrée par un comité scientifique de pilotage, pour déterminer les cépages les mieux adaptés au terroir. La parcelle se situe à la sortie nord du village, le long de l'ancienne route nationale.
Depuis 2000, l'expérimentation est terminée et a permis une amélioration qualitative de la production viticole. Un "*concours de Clairet*" a été lancé depuis 2004 dans l'Embrunais pour motiver les agriculteurs à une meilleure qualité. Un jeune viticulteur professionnel s'est même installé !

3. Archives départementales.

Saint-André-d'Embrun

Face à Châteauroux et au Parc national des Écrins, sur la rive gauche de la Durance, les trente hameaux de Saint-André-d'Embrun s'étagent à différentes altitudes sur les pentes du Mont Orel. Anciennement, ils faisaient partie de la "Terre commune" comme Saint-Sauveur, dépendant d'Embrun.
Surplombant la Durance, exposés à l'ouest sur une faible pente, des champs, délimités par des clapiers[4], dessinent un paysage très particulier, planté encore en grande partie de vignes. Il faut imaginer que la totalité des parcelles étaient couvertes de ceps plantés en foule, loin des alignements d'aujourd'hui… car les sarments étaient repiqués autour de la racine mère à la manière du marcottage. Jusqu'à la fin du XIXe siècle, la vigne profitait des coteaux bien exposés sur des sols pauvres en terre et Saint-André était la commune de l'Embrunais qui produisait le plus de vin. En 1929, malgré les ravages du phylloxéra, sa superficie communale consacrée à la vigne était placée dans la fourchette de 50 à 100 hectares[5], une surface importante pour cette petite commune. D'ailleurs autrefois les habitants de Saint-André n'étaient-ils pas surnommés les Bourguignons ?
Aujourd'hui, une quinzaine d'exploitants agricoles travaille les terres, essentiellement des éleveurs ovins.
Le clocher de l'église marque de son empreinte le bourg centre du village. Comme celui de la cathédrale d'Embrun, sa flèche est ceinte de pyramidions et de gargouilles en forme de lions. Il est le seul vestige, daté du XVIe siècle, de la première église. En effet, la nef a été détruite par un glissement de terrain puis complètement reconstruite au XIXe siècle.
La montagne de Saint-André est connue pour ses belles roches et ses quartz. D'aucuns rapportent qu'aux temps anciens une mine de cristaux de roche était exploitée, cristaux dont quelques-uns ornent encore certains lustres du château de Versailles[6] !
A l'est, en hauteur, à la limite de la forêt de Saluces, tout au bout du chemin, on peut découvrir un hameau, aujourd'hui abandonné, mais dont la chapelle a été restaurée : les Florins. Bien d'autres chapelles ponctuent le paysage bâti : celle de Pra-Leydon ou encore celle de Saint-Roch, comme posée à côté du lac de Siguret. Ce lac était le lieu d'un pèlerinage pour la bénédiction des troupeaux et des fruits de la terre. Certains historiens veulent y voir les restes de rites celtes[7]. En tous cas, il est aujourd'hui la destination de bon nombre d'amateurs de balades facilement accessibles et de pêche.

Les Celliers de Saint-André-d'Embrun, une architecture typique pour une mission définie

Depuis le XIIIe siècle, ce hameau, uniquement constitué de celliers, appartenait aux habitants de Crévoux, une commune trop haute en altitude pour la culture de la vigne.
Ce bout de territoire de Saint-André-d'Embrun avait été offert par l'archevêque Henri de Suse aux Crévolins pour les récompenser de leur accueil bienveillant lors d'un conflit entre lui-même et les habitants d'Embrun (1253)[8]. C'est ainsi qu'il va leur accorder le droit d'établir des caves enterrées sur la rive droite du torrent de l'Arbière ou Ribière, l'actuel torrent de Crévoux. Ce droit sera associé au droit de prélèvement d'un dixième de la récolte de vin ou de redevance sous forme

---

4. Ici : tas de pierres.

5. Edouard Vernet et Hidoux *"L'agriculture du département des Hautes-Alpes"* 1933.

6. Robert Blache, article du Dauphiné Libéré du 13/12/07, monographie de Saint-André-d'Embrun en préparation.

7. Arnold Van Gennep, *"Les Hautes-Alpes traditionnelles"*, 1943.

8. Marcellin Fornier *"Histoire des Alpes Maritimes et Cottiennes publiée par l'abbé Paul Guillaume"* 1890.

d'argent en cas de non récolte, de la part de l'archevêque !
L'emplacement d'origine de ces caves n'est pas certain car des traces de fondations ont été repérées en contrebas du hameau actuel.
Ces celliers avaient tous la même structure, regroupés sous une seule toiture.
La cave voûtée, souvent enterrée dans la pente, contenait les cuves (tines) et le pressoir permettant la vinification sur place. On pouvait y stocker les tonneaux et barriques, ou encore y abriter le mulet.
L'étage supérieur communiquait avec le cellier grâce à une trappe par laquelle on versait directement le raisin. C'est aussi là que l'on trouvait la petite pièce d'habitation.
Le cellier était occupé de manière saisonnière lors des périodes de culture de la vigne au printemps et lors des vendanges à l'automne mais servait aussi d'étape lors des foires.

Construits en pierre et en mélèze, enduits de chaux, couverts d'ardoises, ces bâtiments présentaient une belle unité architecturale jusque dans les années 1970. Depuis, la fonction a changé, d'autres matériaux ont été utilisés, mais la municipalité tente de contenir cette hétérogénéité naissante par des mesures de protection.

En 2009, il subsiste encore quelques véritables celliers, un alambic pour la fabrication de l'alcool de fruit, acheté d'occasion à Savines-le-Lac dans les années 1930. La fête du Clairet, depuis 2004, permet de faire revivre ce passé récent !

Crévoux

Après de multiples virages, longeant un torrent, traversant des forêts, la route s'ouvre sur la vallée de Crévoux et ses quatre hameaux : Champrond, Praveyral, le chef-lieu et la Chalp. Cernée par de hauts sommets, du Méale au Parpaillon, du pic de Crévoux au pic Saint-André, cette station-village est l'une des plus anciennes stations de ski du département. Elle a su conserver tout son charme d'antan et une atmosphère très familiale.

Tout autour de la fontaine, du four banal et de l'église Saint-Marcellin datant du XIVe siècle, se resserrent les anciennes fermes et habitations. Ici, la silhouette du clocher se démarque des habituelles flèches de la région avec sa charpente en forme de bulbe. Il n'y a pas si longtemps, les habitants vivaient encore quasiment en autarcie. Ils achetaient le strict nécessaire, fabriquaient les outils dont ils avaient besoin et se servaient des matériaux de proximité : mélèze, galets du torrent, pierre à chaux, ardoises, cuir des animaux, chaume, osier,…
Avant la Révolution française, les terres appartenaient à l'archevêque d'Embrun et un château avait été construit un peu au-dessus du chef-lieu. Avec les menaces protestantes, au XVIe siècle, le château fut détruit sur ordre de l'archevêque comme ceux de Châteauroux ou encore de Vars[9]. Aujourd'hui, il n'est plus qu'un tas de pierre[10] !

Alors que la population était encore de 500 habitants en 1783, l'exode rural a vidé l'énergie vive de cette petite vallée. Heureusement, le ski est venu stabiliser la population. En effet,

---

9. Jacques Humbert *"Embrun et l'Embrunais à travers l'histoire"* 1972.
10. Joseph Roman *"Répertoire archéologique des Hautes-Alpes"*.

dans l'élan des congés payés, un premier remonte-pente est inauguré au-dessus du chef-lieu en avril 1937 par madame Léo Lagrange, un téléski d'occasion, passé d'abord par Davos et Montgenèvre avant d'être installé à Crévoux. Parallèlement, les travaux de construction d'une auberge de jeunesse s'achèvent en 1939. Ainsi de nombreux citadins ont pu découvrir les joies de la montagne dans une nature préservée et authentique. La station a peu évolué depuis sa création même si d'autres équipements se sont ajoutés et d'autres encore sont prévus. La qualité de la poudreuse est légendaire et Crévoux offre un cadre magnifique aux randonnées à ski avec de nombreux itinéraires hors-piste vers le sommet de Ratelle ou le vallon de Pellat.
D'autre part, le hameau de La Chalp est le point de départ de 45 kilomètres de pistes de ski de fond ou de balades à raquettes. À l'heure du tourisme vert, ce petit territoire a tous les atouts pour attirer les amateurs de calme, passionnés de patrimoine naturel, bâti et agricole.

Le massif du Parpaillon

Séparant les Alpes-de-Haute-Provence et les Hautes-Alpes, ce massif, par son col, est la limite entre la vallée de la Durance et celle de l'Ubaye. Au cours de l'histoire, selon les alliances, cette ligne de crête a été zone frontière.
À la fin du XVIIe siècle, après l'invasion des troupes du duc de Savoie, le maréchal Catinat, commandant les troupes françaises, fait établir un chemin praticable par l'artillerie. Un chemin muletier est donc prévu.

Pour rendre le franchissement plus aisé, il est décidé de creuser un tunnel sous le col, reliant Crévoux à La Condamine, à 2600 mètres d'altitude. Les travaux, débutés en 1891, durent 10 ans, supervisés par la direction du génie militaire. D'une longueur d'environ 500 mètres, il n'est accessible qu'en été.

En 1939, la route d'accès au Parpaillon a été le théâtre d'un chantier un peu particulier : des réfugiés républicains espagnols ont été employés pour élargir la route depuis La Chalp et construire un pont, celui du Réal. Logés dans des grands marabouts, 200 d'entre eux avaient été envoyés pour la réfection des routes présentant un intérêt militaire : c'était le cas de celle du Parpaillon.
Une cabane, dite "des Espagnols", avait été construite pour abriter les outils du chantier. Délabrée, elle a été refaite en 2007 par les jeunes élèves du lycée professionnel "Alpes et Durance" d'Embrun et reçoit maintenant une exposition en mémoire de ces réfugiés qui ne sont restés à Crévoux que quelques mois, dans des conditions difficiles.

Saint-Sauveur

Depuis le pont de Savines-le-Lac, le regard balaye les hauteurs, vers l'amont de Serre-Ponçon : le clocher de l'église de Saint-Sauveur émerge tel un phare ou un guetteur sur la vallée.

A l'intérieur, des peintures murales témoignent du passé prestigieux de cet édifice construit à la fin du XVe siècle si l'on en croit une date gravée sur un chapiteau attribué à l'ancien appenti : 1465[11]. L'église de Saint-Sauveur, sous le vocable de la Transfiguration, est née de la restructuration des paroisses à une époque où l'Eglise catholique se devait de marquer le territoire contre les Vaudois.

La façade rend encore lisible aujourd'hui l'évolution du bâtiment. Dans un premier temps, un auvent en bois protégeait l'entrée : les quatre corbeaux en marbre rose qui le soutenaient jaillissent toujours de la façade. Puis il a été remplacé par un porche en pierre : l'arrachement du départ des arcs est encore visible. Au XIXe siècle, ce porche a probablement été détruit afin de permettre la circulation autour de l'église, lors du déplacement du cimetière en contrebas. A la même époque, pour laisser entrer plus de lumière, la baie haute et étroite, typiquement romane, au-dessus de la porte d'entrée, est transformée en un oculus cimenté.

Le clocher a été accolé à la nef, à la manière des campaniles italiens, en 1533, date gravée dans un blason orné d'un dauphin sur la face ouest. Son originalité réside en sa flèche et surtout en ses pyramidions dont la forme est différente de ceux de la région (quatre parallélépipèdes surmontés d'une toiture à quatre pans et de toutes petites gargouilles à certains angles).

A l'intérieur, en 1986, des sondages ont révélé la présence importante de traces colorées sous les enduits apparents et le projet de restauration a été lancé[12]. Mais, pour cette petite commune de 400 âmes, les fonds à engager étaient tellement disproportionnés par rapport à sa capacité financière qu'il aura fallu presque vingt ans pour dégager et restaurer l'ensemble.

Sur l'arc triomphal, la scène de la Transfiguration peut se déceler grâce à quelques indices. Par un raccourci audacieux pour l'époque, le Christ transfiguré entouré d'une nuée blanche est déjà représenté crucifié sur la sculpture en bois peint ! Dans cette petite église de village, on trouve ainsi l'un des rares exemples de combinaison entre peinture murale et sculpture, datant de la fin du XVe siècle ou du début du XVIe.

Sur le premier pilier à gauche du chœur, un immense saint Antoine abbé a été représenté avec, à ses pieds, son cochon sauvage et un donateur agenouillé, les mains jointes. Ce saint était invoqué contre le mal des ardents appelé aussi le feu de Saint-Antoine, maladie due à l'absorption d'un champignon poussant sur une moisissure de seigle, désignée comme l'ergotisme aujourd'hui. Au Moyen âge, il y avait confusion entre cette maladie et une possession démoniaque !

Sur le deuxième pilier à gauche, un autre saint est représenté, non identifié pour le moment. Il semble délivrer des prisonniers enfermés dans une tour typique de l'Italie du nord. Enfin, la chapelle de droite, dédiée à Sainte-Marie, comme les initiales gravées l'indiquent, était peinte du sol à la voûte, mais le décor a été abîmé par l'ouverture d'une fenêtre ou encore par l'humidité remontant du sol et par le piquetage réalisé lors du renduit. On distingue à hauteur d'œil six personnages : au centre, une femme est assise sur un trône portant une fillette

---

11. Joseph Roman *"Répertoire archéologique des Hautes-Alpes"*, 1880.

12. *"Peintures murales des Hautes-Alpes, XVe XVIe siècle"*, cahiers de l'Inventaire, 1987.

sur ses genoux, sainte Anne et la Vierge Marie, entourées de saint Etienne et d'un saint évêque, peut-être saint Marcellin ?
Plus bas, à gauche, un donateur a les mains jointes, tandis que, de l'autre côté, un autre donateur a les bras croisés sur sa poitrine.
Au-dessus, on peut deviner une crucifixion et, par endroit, la pierre apparente laisse entrevoir les traits rouges de l'esquisse.
Ces scènes sont séparées par des motifs végétaux et des masques très fins, proches des décors que l'on peut voir dans une des chapelles des Cordeliers d'Embrun.
Leur faisant face, trois panneaux décrivent la vie d'un saint évêque. Des animaux sont visibles : bœuf, loup ou ours ? Mais les détails sont trop partiels pour pouvoir identifier, de manière certaine, le héros de ces peintures murales.
Toutefois, on peut penser à la vie de saint Arey, évêque de Gap au VIIe siècle, accompagné de son ours…

Le magnifique panorama de Saint-Sauveur sur le lac de Serre-Ponçon mérite déjà le détour. Les peintures murales de l'église vous plongeront dans un monde révolu, à découvrir grâce aux visites guidées…

Les Orres : deux entités pour un même territoire

Selon les versants, cette commune n'a pas le même visage :
- à l'adret : le village ancien aux maisons construites en matériaux locaux, dans la pente pour profiter du soleil : l'église au clocher à flèche, la mairie et… le calme.
- à l'ubac : la station de ski, moderne, avec ses immeubles, sa grande "bulle", ses parkings, ses magasins, ses distractions, son agitation en période de vacances…

La tradition orale fait remonter le nom de la commune à l'occupation romaine. En latin, *"horreum"* signifie grenier à grain et peut laisser imaginer qu'à l'emplacement du village ancien existait un lieu d'engrangement de céréales, à l'écart de la vallée de la Durance, sur une voie secondaire. Car, si aujourd'hui la route des Orres est un cul-de-sac, autrefois un chemin muletier à mi-pente sur les flancs du Méale permettait de rejoindre la vallée de l'Ubaye par le Grand Vallon et le col des Orres.
Deux fortifications défendaient le passage de l'Ubaye vers la Durance. Au hameau du Château avait été construit, au XIe ou début XIIe siècle[13], un réduit défensif surplombant l'ancien chemin muletier. Au XIVe siècle à la suite des attaques des routiers provençaux en 1368, l'axe inverse avait été protégé par une autre fortification (*los barris*[14]) à l'ouest de la vière[15], surplombant la vallée de la Durance. Aujourd'hui, il n'en reste que des ruines, le château ayant été démoli sur ordre de l'archevêque au XVIe siècle et la fortification détruite par les troupes du duc de Savoie en 1692.

13. André Miollan, *"Mémoire des Orres"* 1991.

14. En occitan alpin. Barris : rempart

15. dérivé du provençal alpin "viéra", désigne le hameau le plus grand de la commune

Comme dans tous les villages d'altitude, l'ampleur de l'église marque l'importance de la religion catholique. Édifiée en 1501, l'église Sainte-Marie-Madeleine présente sur sa façade des éléments de l'architecture romane : baies hautes et étroites, sobriété des sculptures, arcatures lombardes. À l'intérieur, toute la technicité de l'architecture gothique s'exprime. Grâce aux croisées d'ogive, la voûte s'élance ample et légère et l'espace semble bien grand face à la petite communauté des Orres. Pour ne pas gaspiller de terrain, on ne trouve pas les habituels contreforts extérieurs, mais une autre technique empruntée aux Italiens : les tirants, à l'origine en bois, aujourd'hui métalliques, s'opposent à la force des voûtes. Des traces de peintures murales sont encore visibles à l'intérieur dans des chapelles ou à l'extérieur sous l'auvent restitué en 2008. Un programme de mise au jour complet et de restauration a été engagé.
Auparavant, un porche protégeait la porte d'entrée à l'image de celui d'Embrun. Il a été démoli au XIXe siècle et un lion stylophore subsiste à l'angle du mur de clôture de l'ancien cimetière.

Depuis une dizaine d'années, dans une maison communale, un musée rural met en valeur les objets et outils de la vie quotidienne du XIXe siècle et propose une exposition renouvelée chaque année.
Un peu plus bas, une drôle de maison peut intriguer : elle possède une tour sur sa façade sud, d'imposantes poutres sous toiture et des fenêtres à meneaux. "Maison de la tour", "Ferme du château", plusieurs dénominations la concernent mais peu d'éléments permettent de déterminer avec certitude sa première fonction, si ce n'est son époque de construction : le XVIe siècle[16] ?

Face à la vière, la montagne offre de très vastes alpages et depuis des temps immémoriaux, pour la bénédiction des troupeaux, des fruits de la terre et des eaux, les habitants se rendaient en pèlerinage au lac Sainte-Marguerite en passant devant une source appelée "Fontaine de Jérusalem", car les terres aux alentours appartenaient à l'ordre de Saint-Jean-de-Jérusalem. Encore aujourd'hui, le dernier dimanche de juin subsiste un autre pèlerinage, celui du Grand Vallon, où le prêtre bénit les troupeaux à l'occasion de l'amontagnage.

Du Boussolenc à l'Aupillon, les grandes étendues herbeuses de l'été laissent place aux pistes de ski en hiver. La réalisation de moyens de transport pour les skieurs est évoquée dès 1935, mais un véritable projet émergera à partir des années 60. La SEDHA (Société d'Équipement du Département des Hautes-Alpes) engage l'étude d'un projet touristique et devient acquéreur des terrains pour une meilleure maîtrise foncière. Il est décidé d'implanter la station à 1500 mètres d'altitude au niveau des hameaux de Pramouton et du Mélézet. L'architecte-urbaniste parisien Jean-Michel Legrand conduit le projet à partir de 1966 et détermine la capacité de la station (11 000 à 12 000 lits) en fonction de la dimension du domaine skiable (5 500 hectares). Trois sites contrastés sont prévus : le centre-station à Pramouton et ses grands immeubles collectifs aux façades couleurs d'hiver, enduits blancs comme neige et parties hautes couvertes de bardeaux de mélèze gris avec toitures porte-neige enveloppantes constituant une cinquième façade selon l'architecte ; le second site à Pré-Bois est constitué de petits immeubles collectifs avec appartements ouverts sur la nature, bardage

16. Joseph Roman "*Répertoire archéologique des Hautes-Alpes*" 1880.

bois et toitures en bardeaux de mélèze. Une seconde tranche prévoyait des immeubles de dimension moyenne dans le secteur de Bois-Méans. Elle a débuté en 2006.

La station de ski a ouvert ses portes en décembre 1970 et, près de quarante ans plus tard, en 2007, elle a été labellisée *"Patrimoine du XXᵉ siècle"* par le ministère de la Culture, grâce à l'architecture du centre-station, témoin d'une époque.

Baratier

Très étiré, depuis les rives de la Durance jusqu'aux pentes du Pouzenc, le territoire communal de Baratier s'étale le long du torrent des Vachères. Au XIIIᵉ siècle, une famille de l'Embrunais y possédait des terres et lui a donné son nom : Noble de Barathier. Elle possédait une chapelle qui lui est dédiée dans l'église.

Il existait deux fiefs : Barathier, dont le château se trouvait sous l'église, aujourd'hui transformé en centre de vacances et Verdun, dominant le village où subsiste une maison de maître avec une tour carrée qui remonterait au XIIᵉ ou XIIIᵉ siècle.

Depuis longtemps, peut-être dès l'époque des Romains[17], le village constituait le lieu de villégiature des Embrunais. Des maisons cossues, avec pigeonniers et granges, bordent encore aujourd'hui le torrent des Vachères. Ce torrent à régime torrentiel était très destructeur surtout aux XVIIIᵉ et XIXᵉ siècles, où, la pression démographique ayant accentué la déforestation, les terrains nus facilitaient le ruissellement, les crues, les inondations, les coulées et les éboulements. Dès 1860, des barrages dans le lit du torrent ont été édifiés par des détenus de la Maison centrale d'arrêt d'Embrun pour casser la vitesse de l'eau et permettre aux matériaux de se déposer. Grâce à ces travaux et à d'autres encore, le torrent des Vachères semble être dompté et la végétation a d'ailleurs repris ses droit à proximité du lit.

L'eau a également été utilisée comme énergie puisque sur la commune, une centrale hydroélectrique privée est réalisée en 1930. Elle appartient aujourd'hui à EDF.

---

17. Des fouilles archéologiques d'une villa romaine, sans doute appartenant à un notable, ont été entreprises régulièrement depuis 2005 dans le quartier de La Mure.

À proximité du torrent, se trouvaient des champs de lavande et une distillerie a fonctionné jusqu'en 1936.

L'église de Baratier date du XVe siècle. Elle a été saccagée à plusieurs reprises (1585 par les protestants, 1692 par les troupes du duc de Savoie) et a été remaniée aux XVIIe et XVIIIe siècles. Lors de la réfection de la voûte en 1998, la date a été repeinte, mais avec une erreur… à vous de la trouver !
L'église est dédiée à saint Chaffrey, soldat romain des premiers siècles de la chrétienté. Peu connu, il fait partie de tous ces martyrs qui ont joué un rôle important dans la diffusion de la foi chrétienne en Gaule. Baratier est d'ailleurs jumelée avec la commune italienne de Crissolo, placée sous le même vocable.
Sur la façade, des décors sculptés sont encore visibles : têtes en relief, blason royal, étoile à cinq branches ; un cadran solaire a été peint en 1992 par Evelyne et Norbert Peyrot représentant les armoiries de la commune avec un lévrier et portant la devise *"Pauvres mais fiers et bons cœurs"*. Le clocher est extrêmement simple avec une toiture à quatre pans, contrairement aux clochers de type lombard que l'on peut admirer dans les villages aux alentours. A l'origine, la plupart des clochers de la région avaient cette apparence avant d'être reconstruits sur le modèle de celui de la cathédrale d'Embrun. C'est le cas pour l'église des Orres ou celle de Crots dont les clochers ont été repris au XIXe siècle.

Dans le village, la place de la mairie est récente : c'est dans les années 1950 que la municipalité a acquis un jardin pour pouvoir réaliser la place qui aujourd'hui représente le cœur du village. En 2006, une halle robuste, entièrement en mélèze, a comblé un emplacement prévu à l'origine pour une salle des fêtes. Cette reconstitution, façon ancienne halle des marchés du Moyen âge, met en valeur cet arbre de lumière, emblématique de la région, dont les aiguilles tombent en hiver et qui, l'été, laissent pousser l'herbe sous sa ramure. Le bois provient de la forêt des Orres et de Baratier. Certains de ces mélèzes sont âgés de plus de 200 ans. Cette halle abrite le marché nocturne des jeudis de l'été et bien d'autres animations de cette commune où les associations sont très dynamiques.

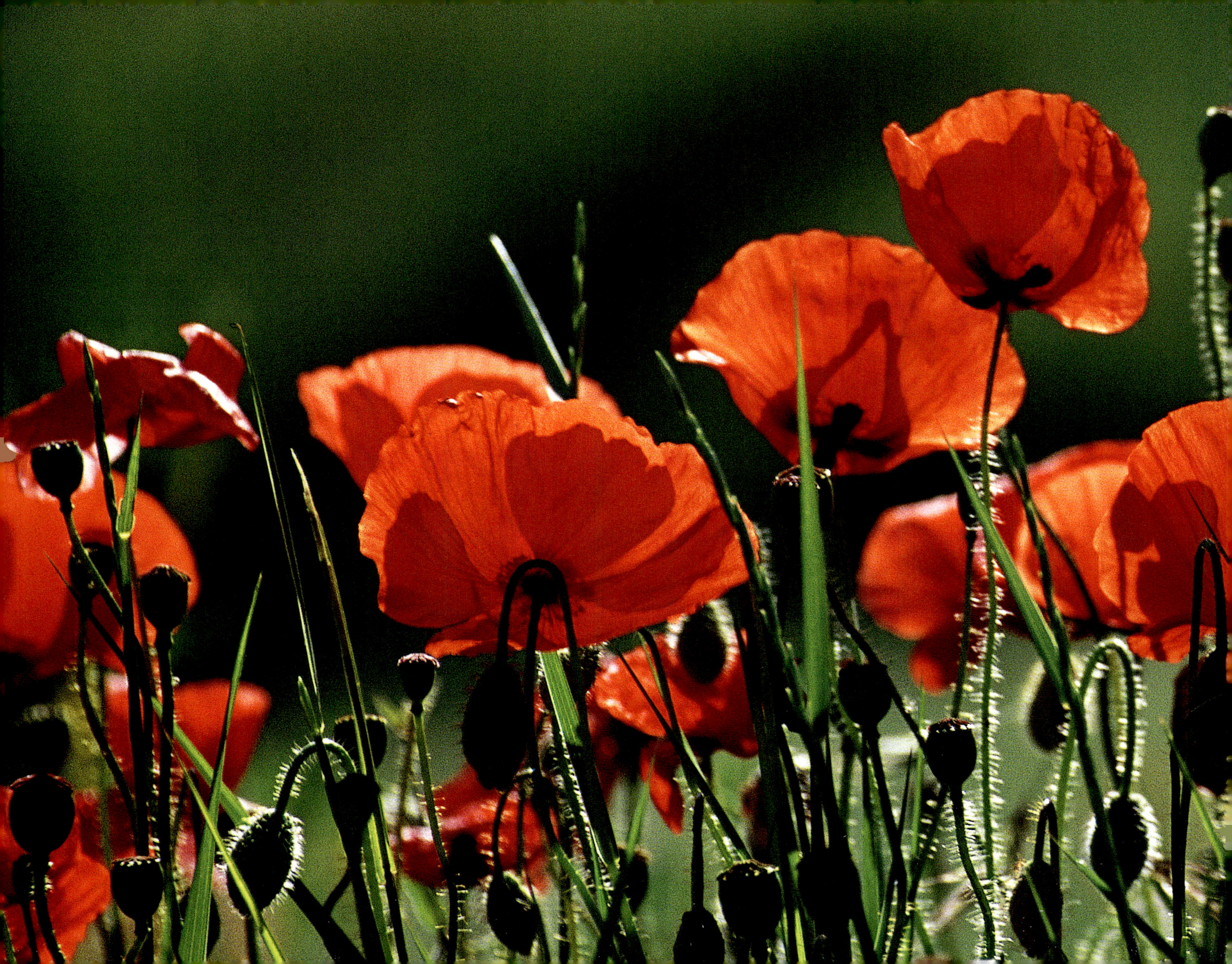

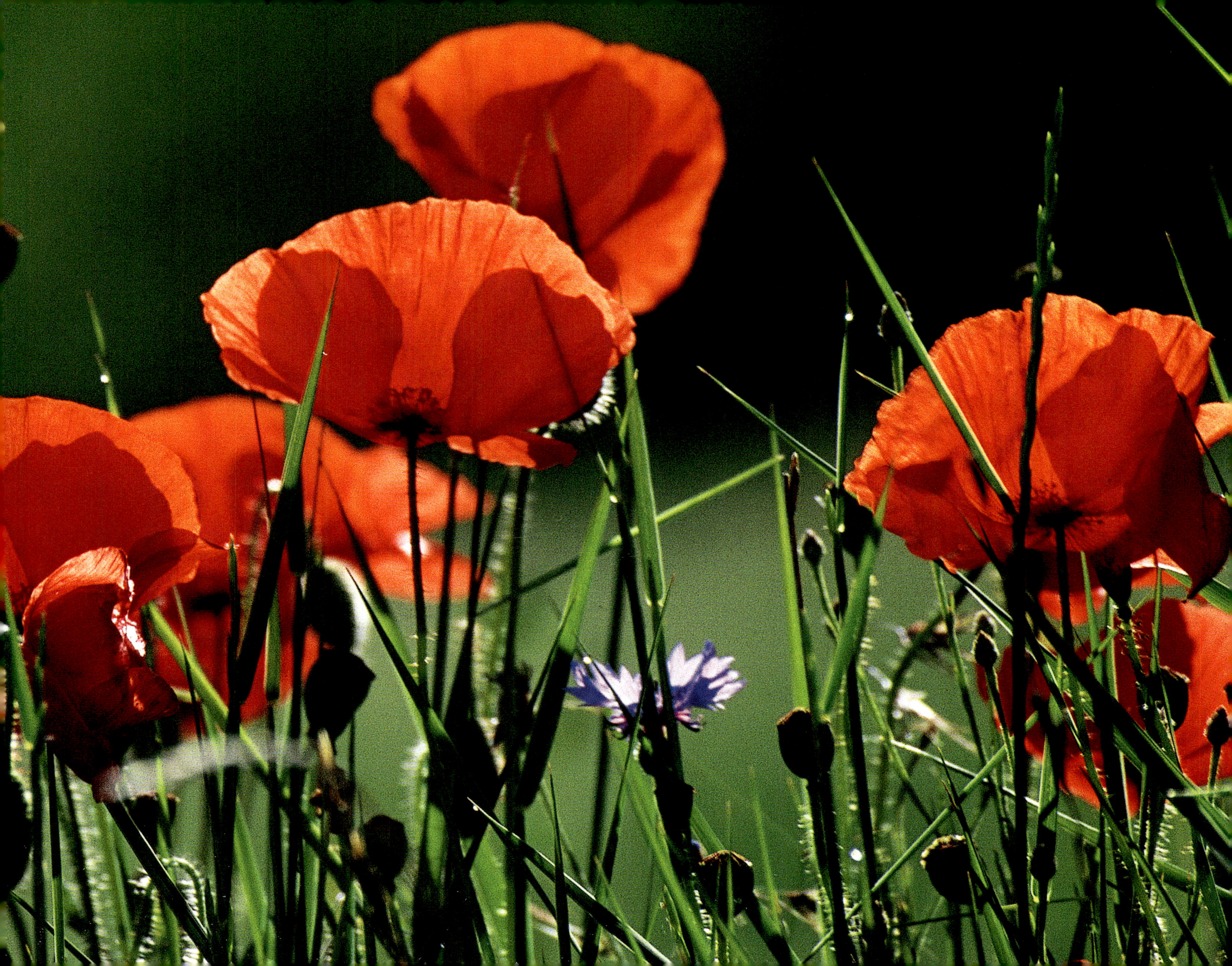

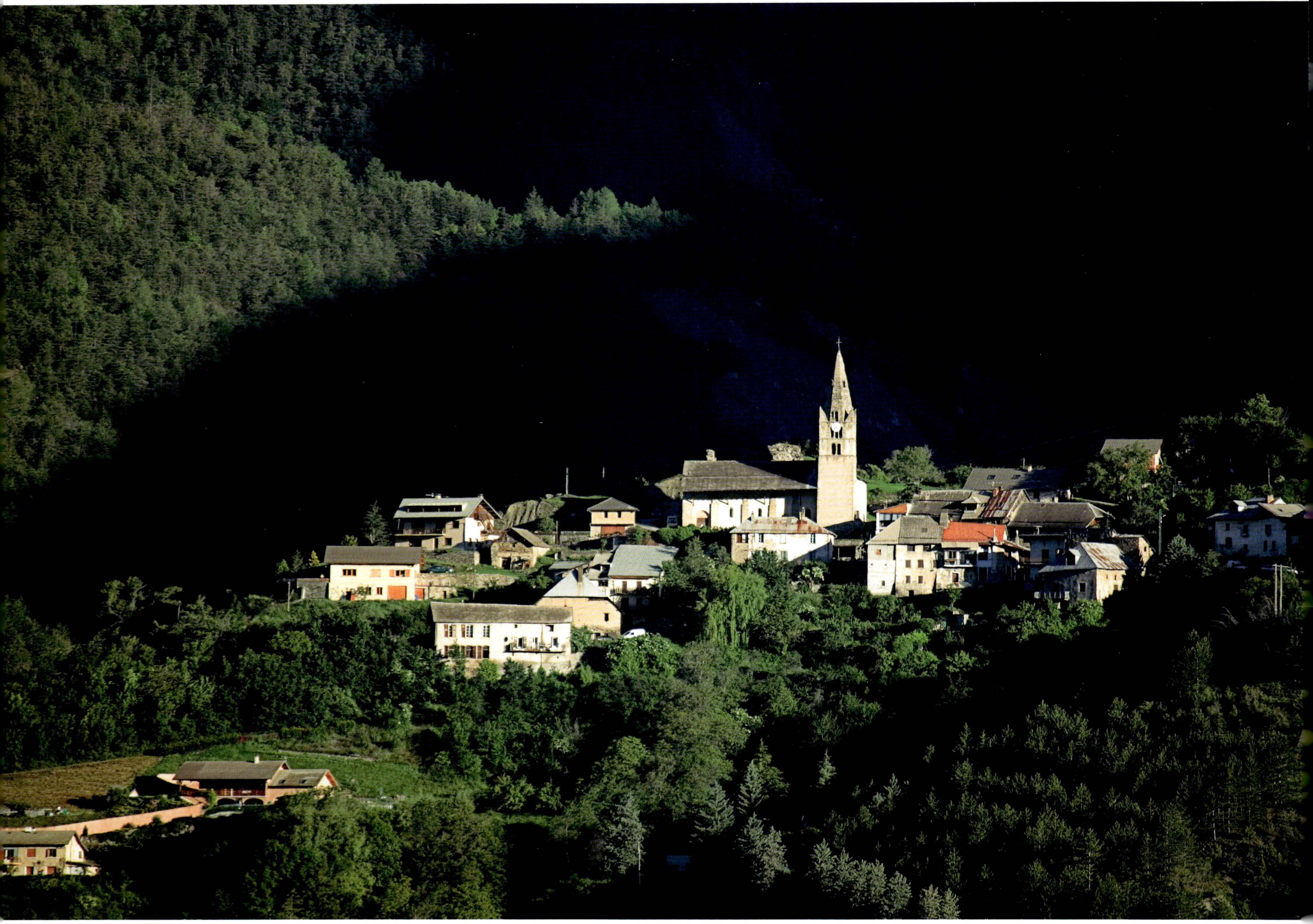

La chapelle Saint-Jame

Le hameau de Saint-Marcellin

CHÂTEAUROUX

L'église Saint-Marcellin

Le clocher de l'église Saint-Marcellin

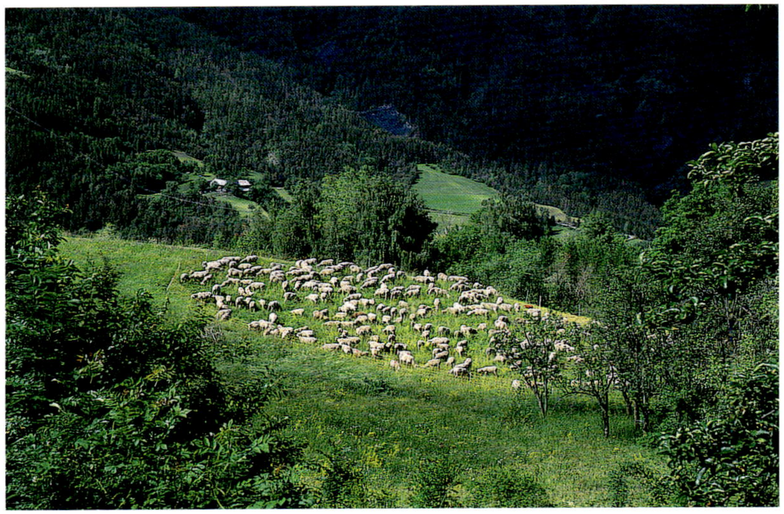

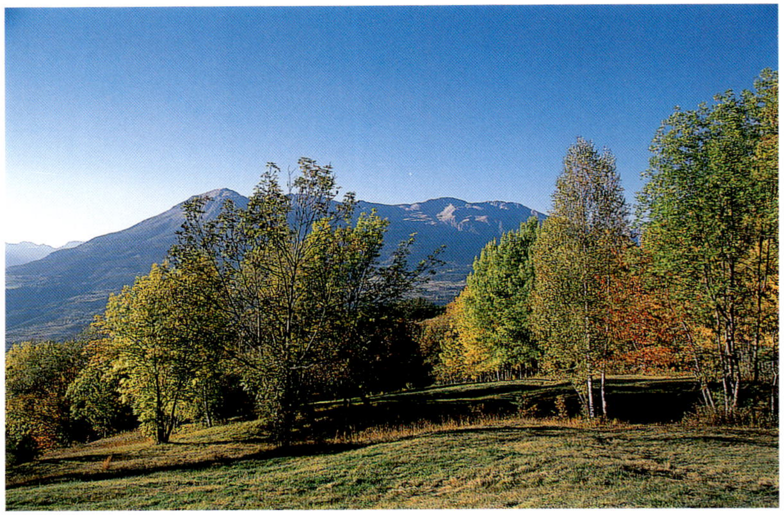

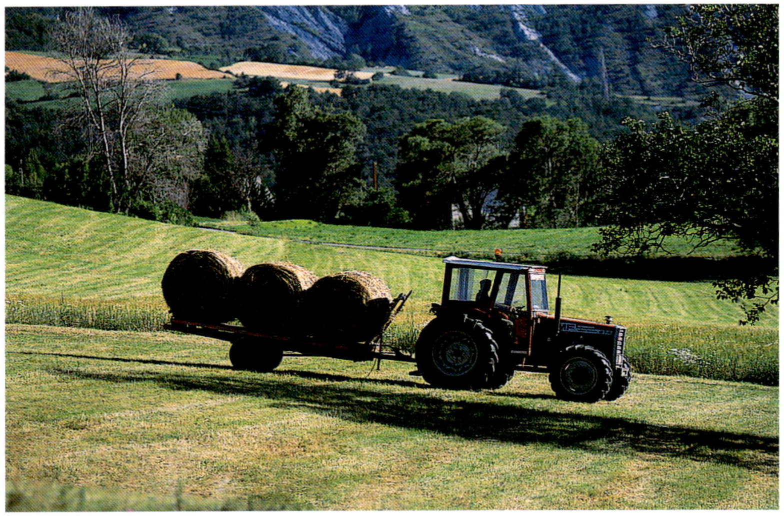

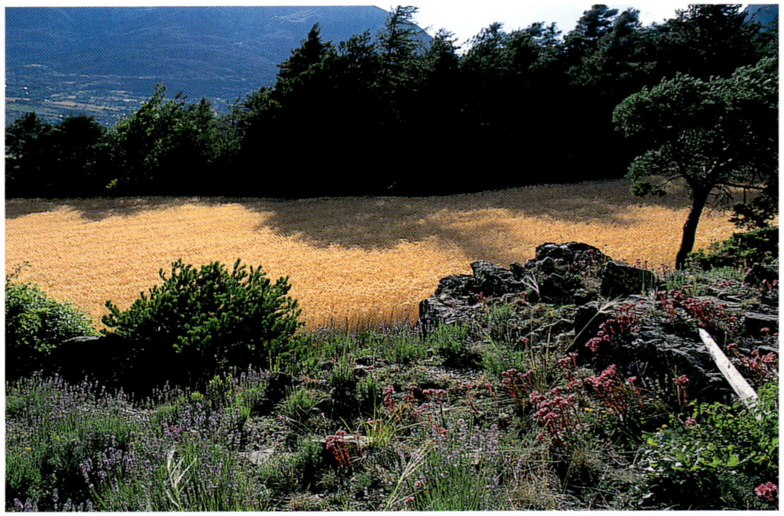

CHÂTEAUROUX

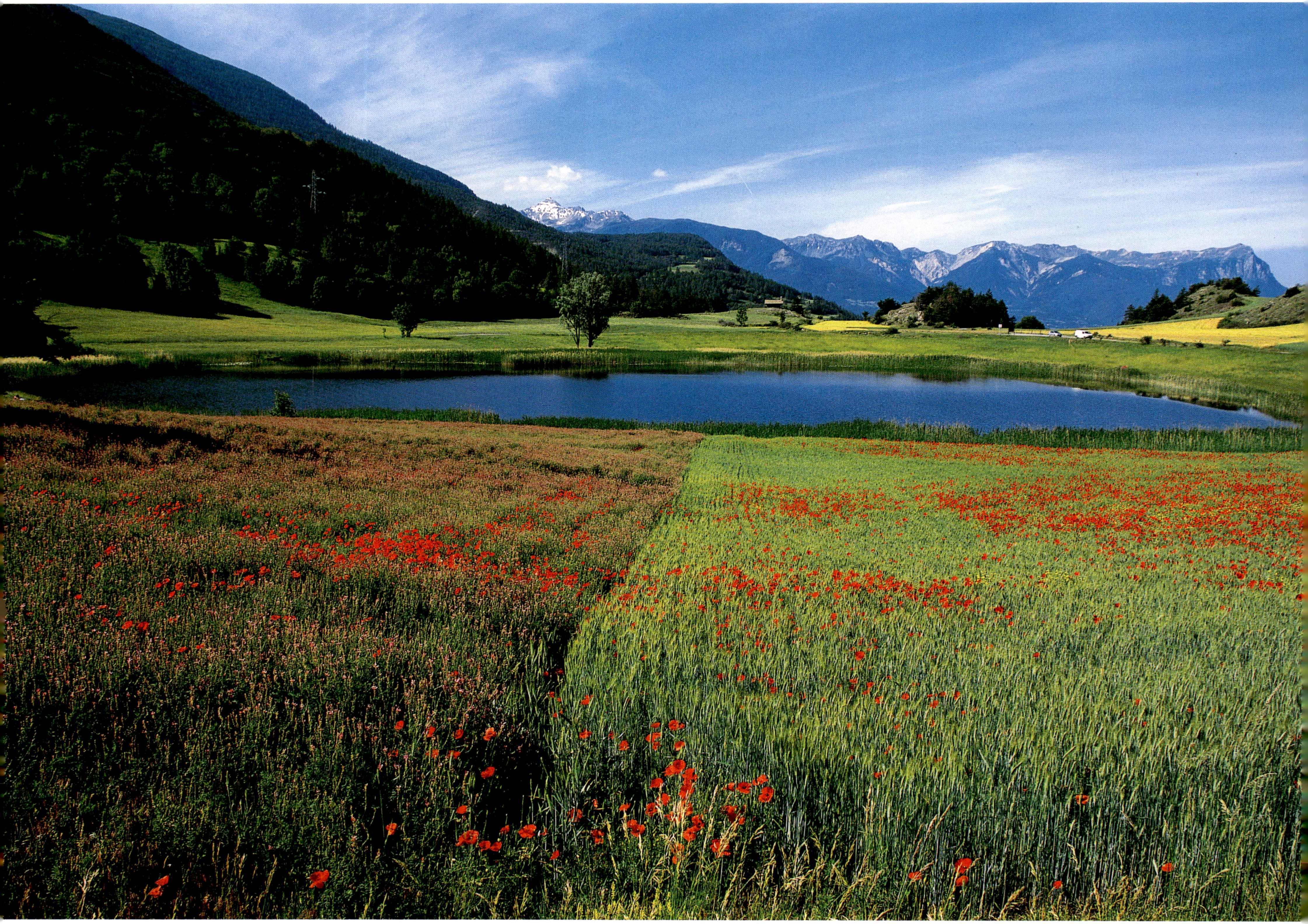

Le lac de Siguret

SAINT-ANDRÉ-D'EMBRUN

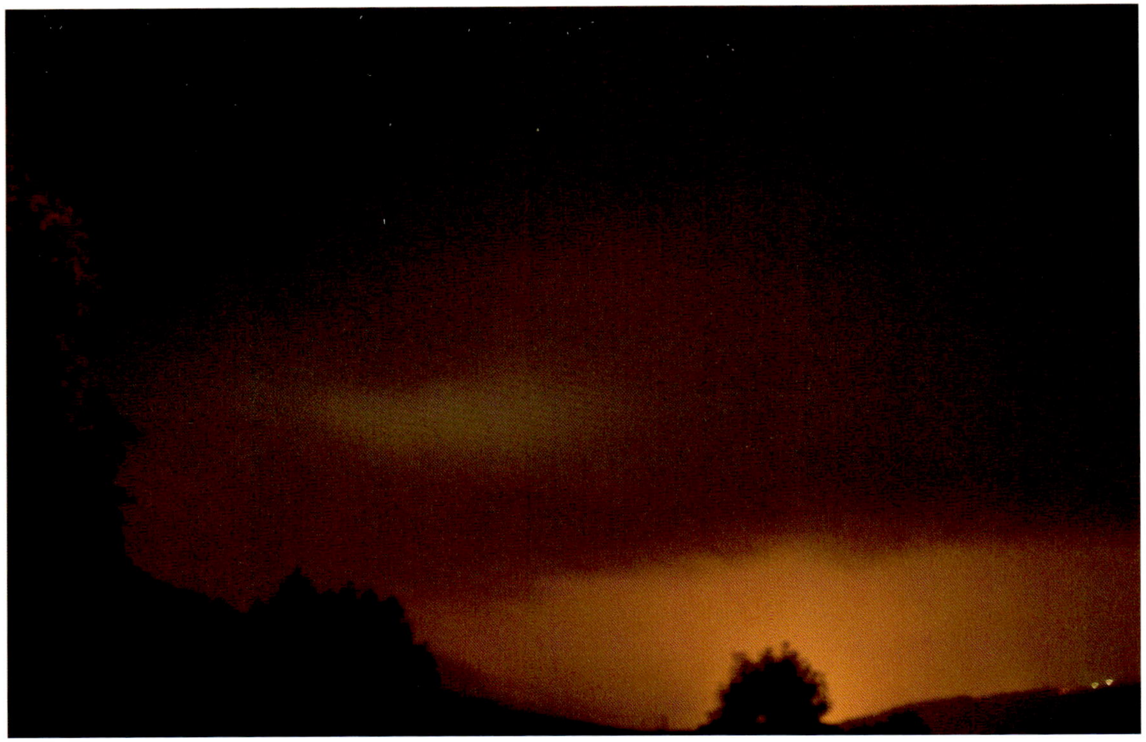

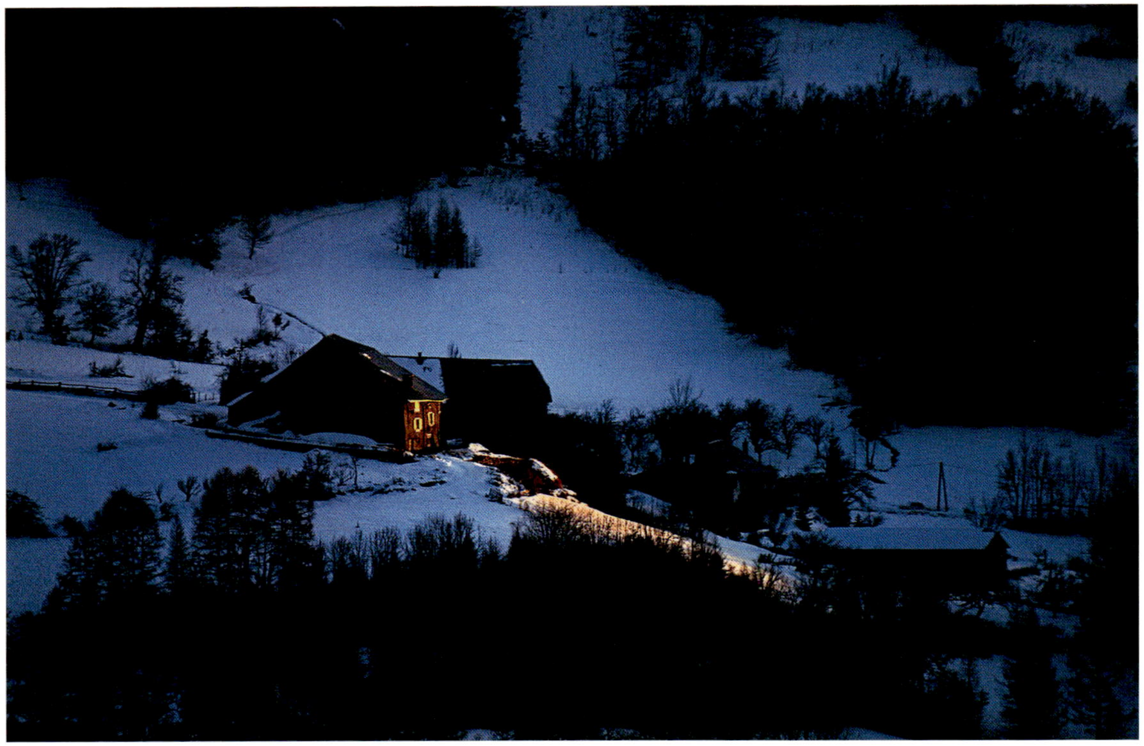

SAINT-ANDRÉ-D'EMBRUN

Le lac de Siguret

SAINT-ANDRÉ-D'EMBRUN

Le Pic du Clocher (2 473 m d'altitude)

SAINT-ANDRÉ-D'EMBRUN

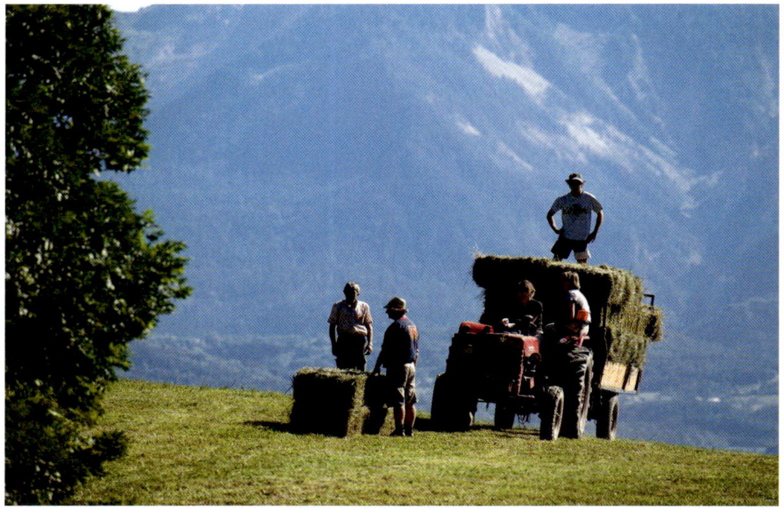
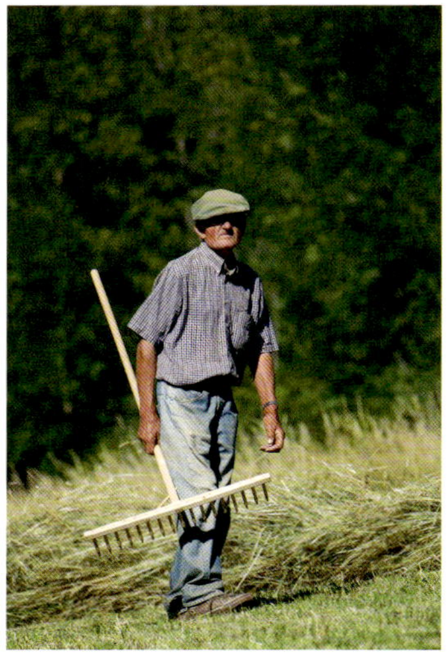
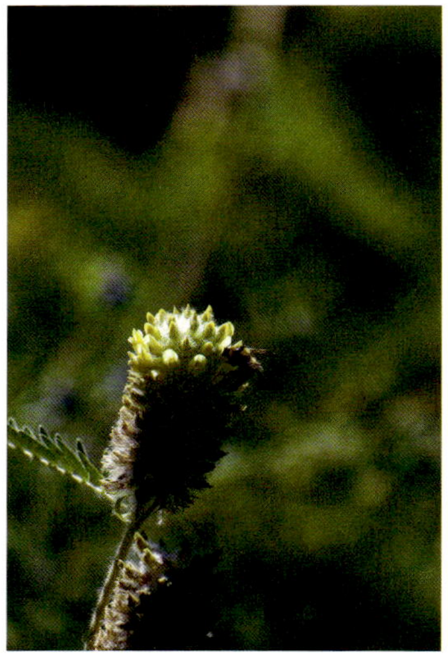
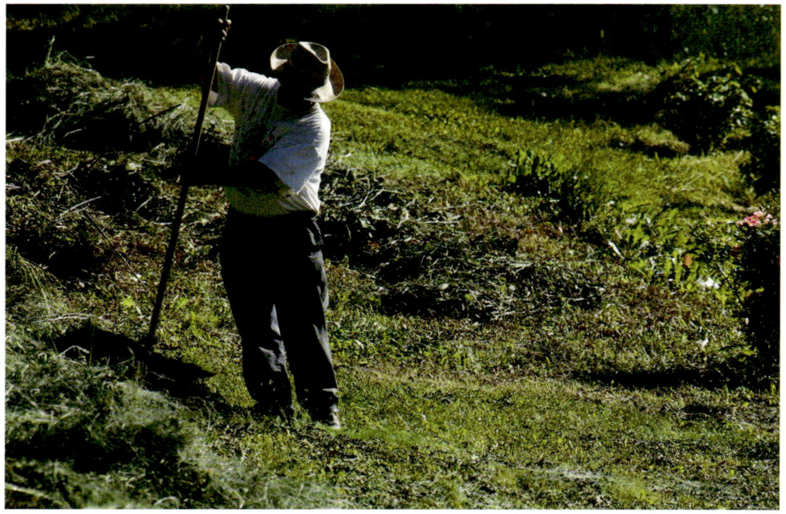
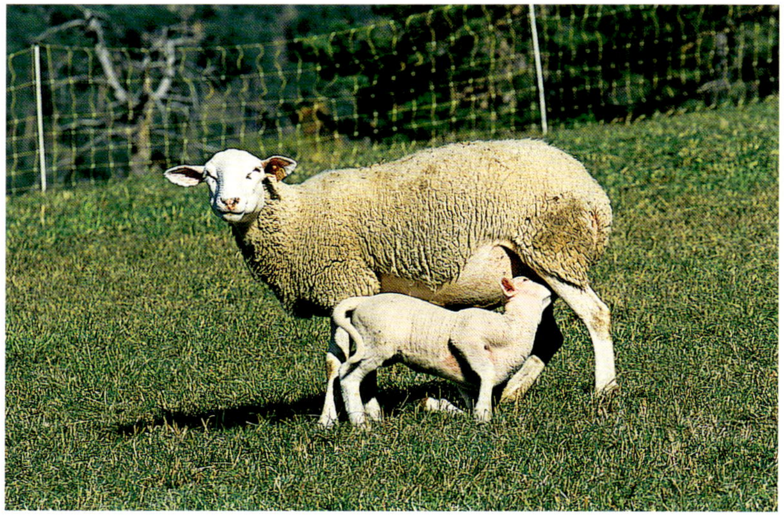

SAINT-ANDRÉ-D'EMBRUN

La Tête de l'Hivernet (2 824 m d'altitude)

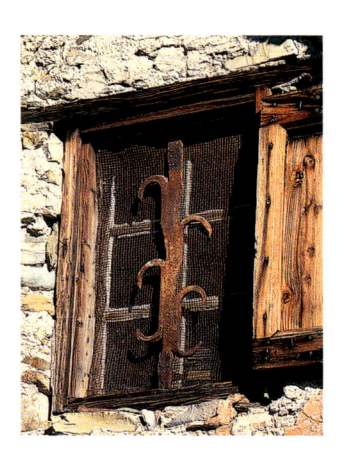

Les celliers

SAINT-ANDRÉ-D'EMBRUN

Les celliers

Les vendanges

SAINT-ANDRÉ-D'EMBRUN

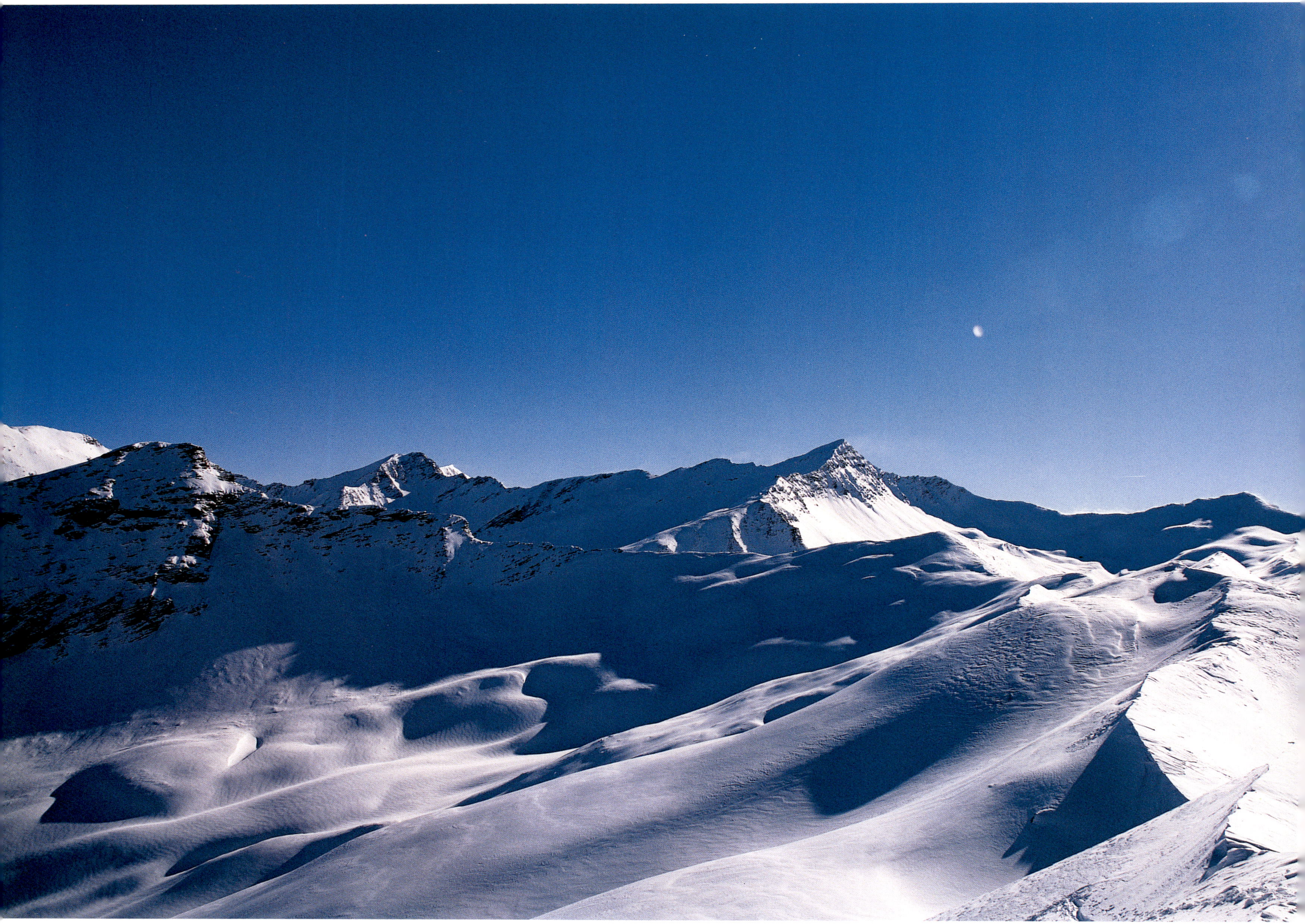

La Grande Combe (2 937 m d'altitude) et le Grand Parpaillon (2 990 m d'altitude)

CRÉVOUX

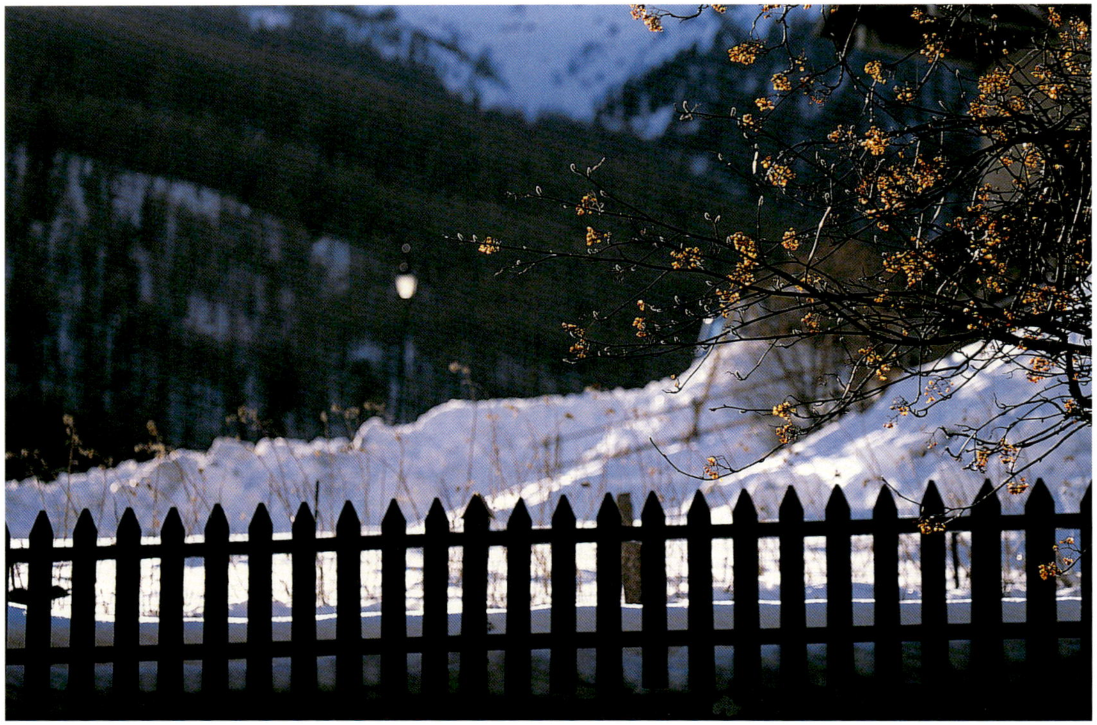
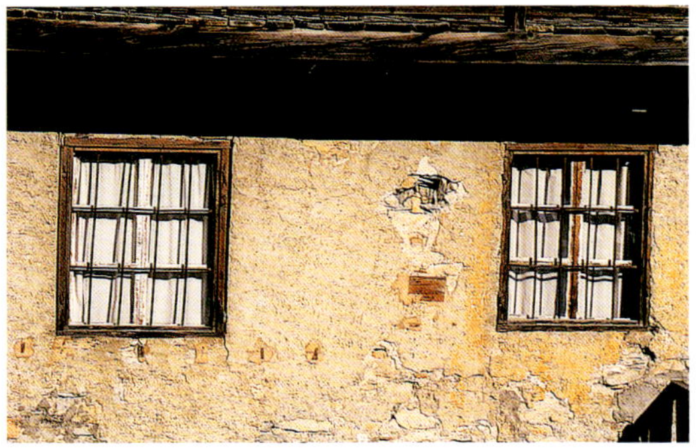
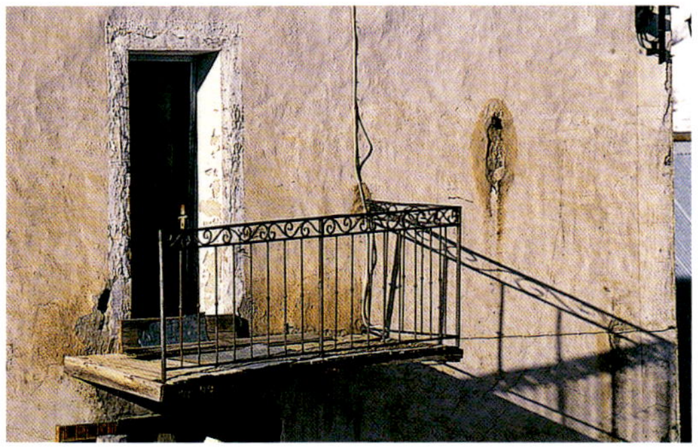
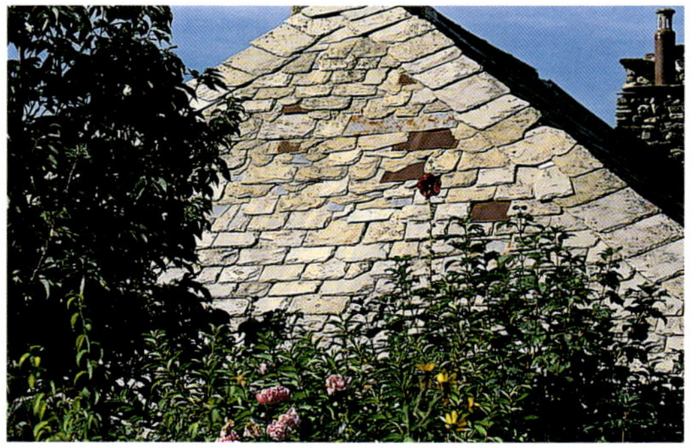
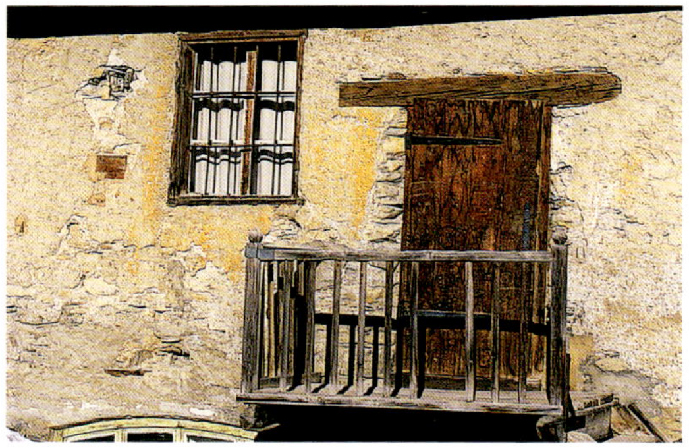

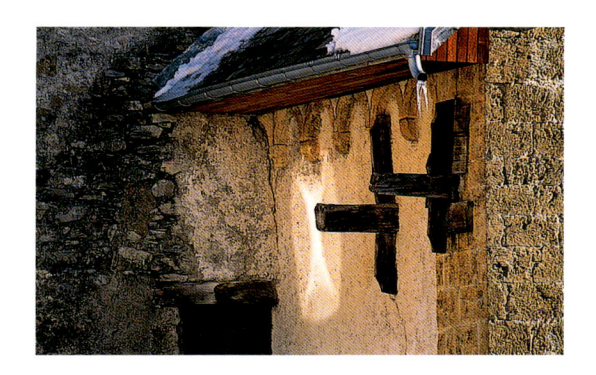

Le clocher de l'église Saint-Marcellin

CRÉVOUX

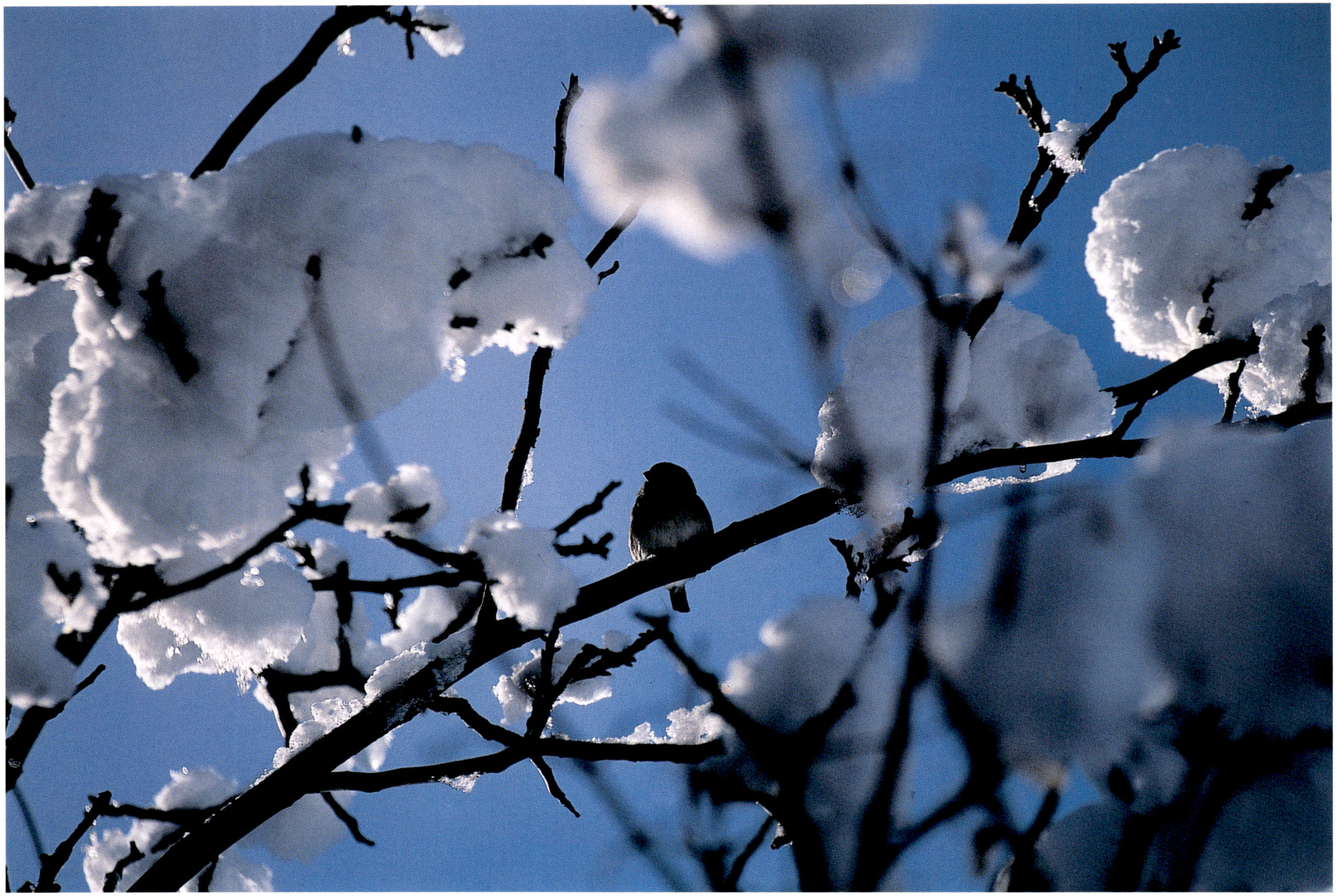

CRÉVOUX

LE 25 AVRIL 1937
SOUS LE PATRONAGE DU
SKI CLUB EMBRUNAIS
A ÉTÉ INAUGURÉE LA STATION

EMBRUN
CREVOUX
PARPAILLON

PAR SA MARRAINE
Mme Léo LAGRANGE
CHARGÉE DE MISSION
REPRÉSENTANT M. LE MINISTRE
DES SPORTS ET LOISIRS
ET SOUS LE PARRAINAGE DE
M. JEAN MICHARD-PELLISSIER
DÉPUTÉ DES HAUTES ALPES

Le Grand Parpaillon (2 990 m d'altitude)

CRÉVOUX

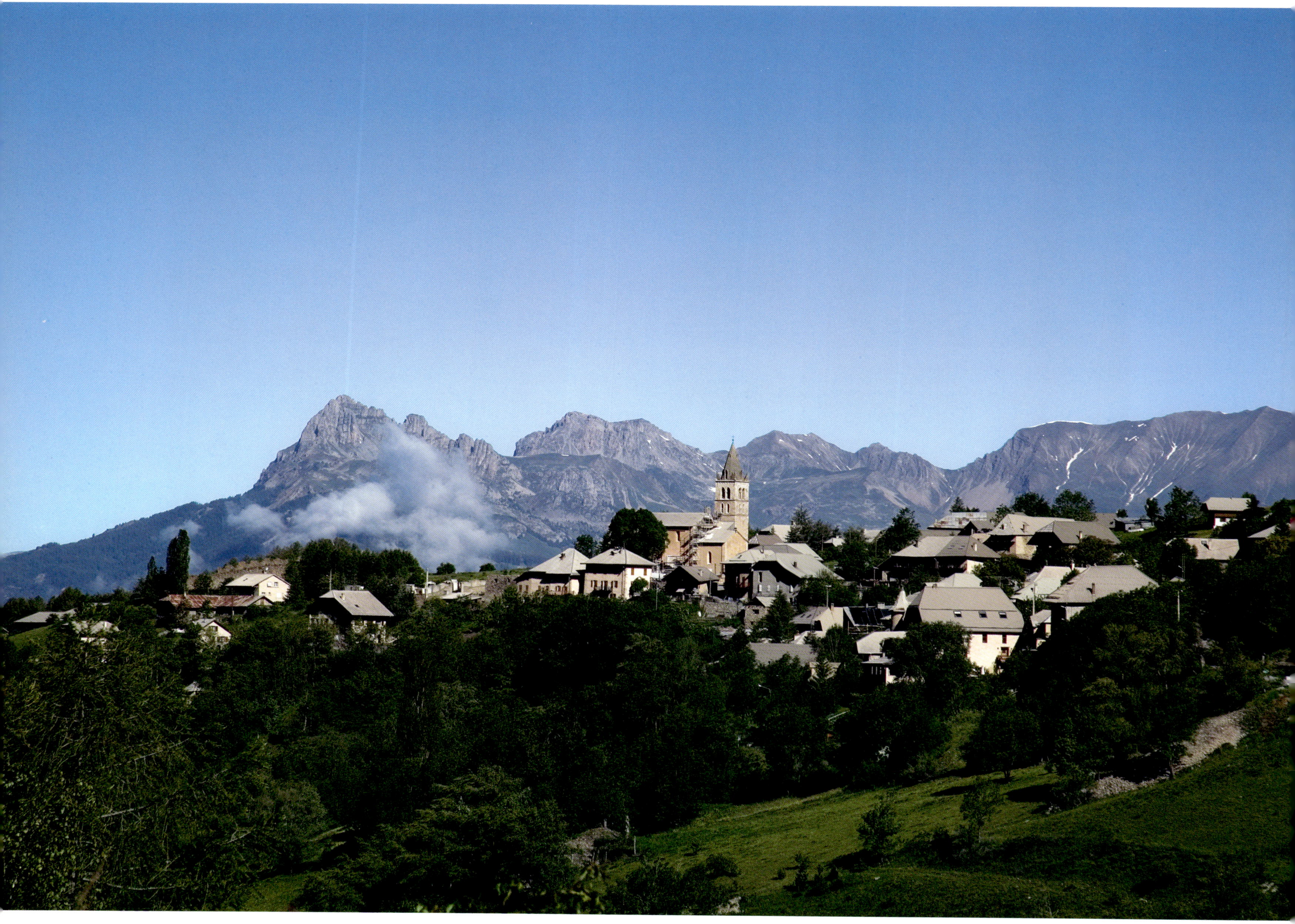

La Ferme du château

La Vière, chef-lieu des Orres

LES ORRES

Le Mélézet et Pra-Mouton

LES ORRES

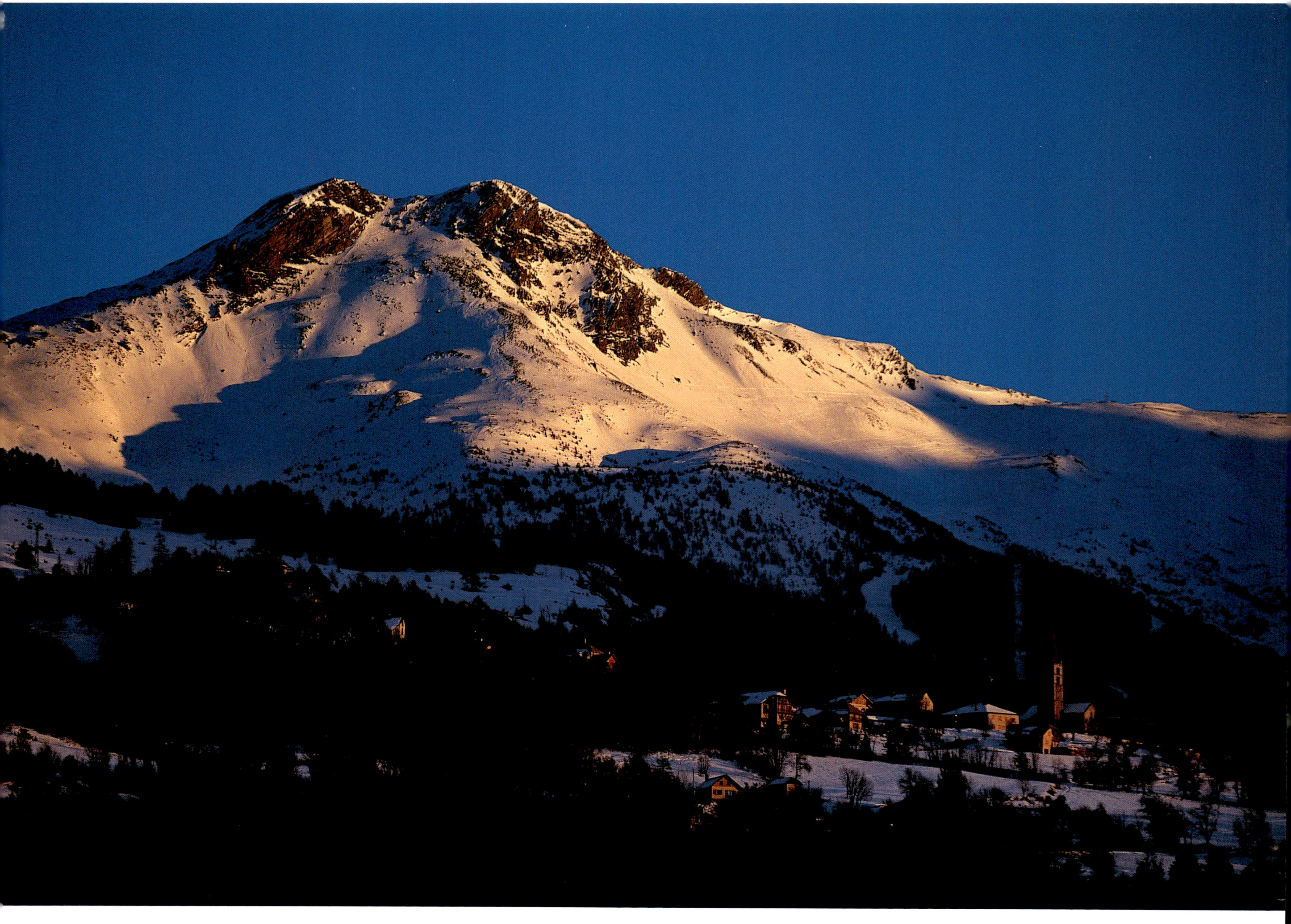

*Saint-Sauveur et le Pic de Boussolenc
(2832 m d'altitude)*

SAINT-SAUVEUR

L'église de la Transfiguration

Les fresques de l'église

SAINT-SAUVEUR

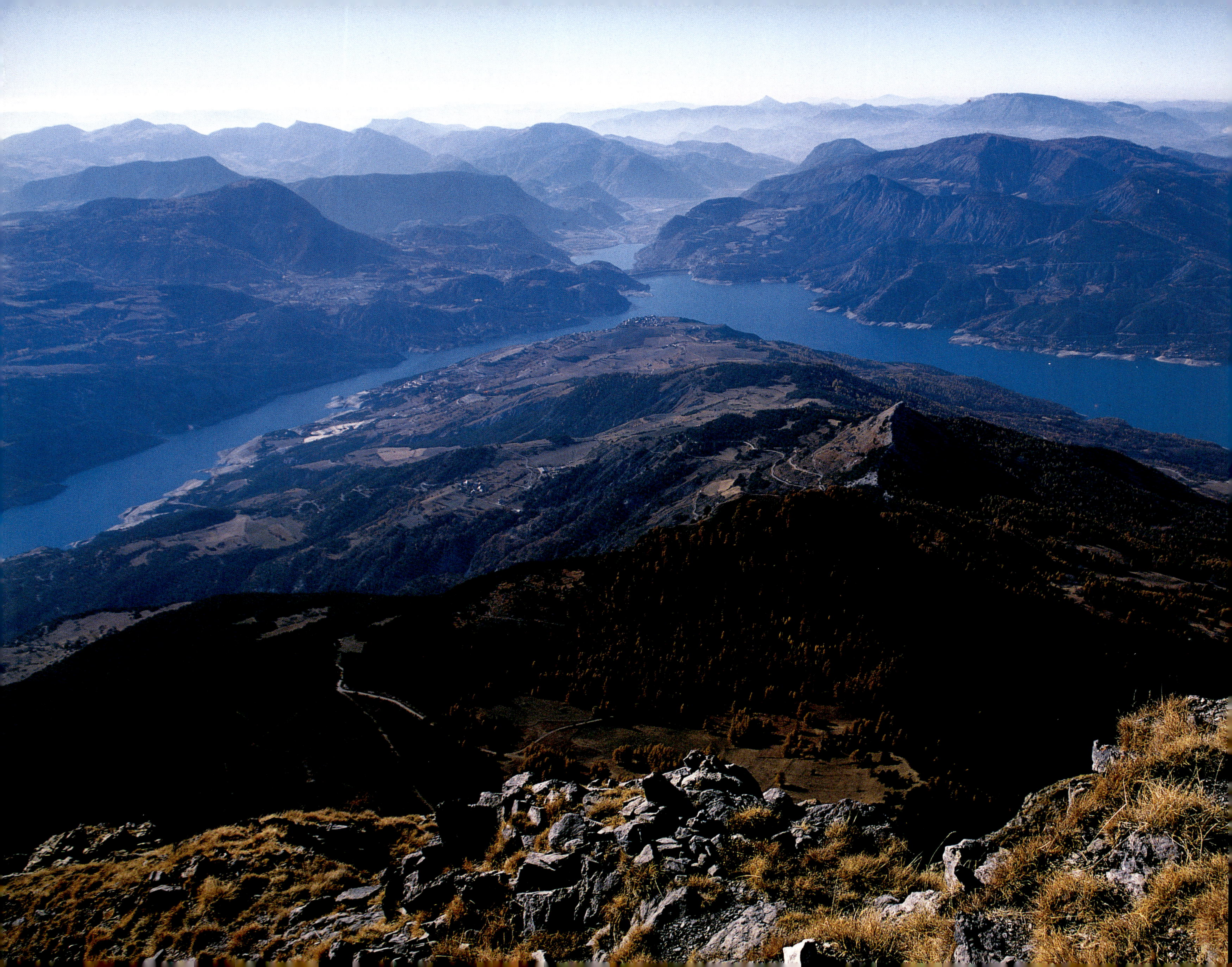

SERRE-PONÇON

- Les Aiguilles de Chabrières
- Réallon
- Saint-Apollinaire
- Prunières
- EMBRUN
- Crots
- Château de Picomtal
- Chapelle Saint-Michel
- Savines-le-Lac
- Le Grand Morgon
- Abbaye de Boscodon

SERRE-PONÇON

Dans cette immensité bleue se reflète la couleur du ciel et les montagnes, majestueuses, plongent ou ondulent au gré des courants et du vent…

Cette étendue d'eau semble avoir toujours été inscrite dans ce paysage à l'image des lacs glaciaires… et pourtant !

Le lac de Serre-Ponçon est un lac créé de toutes pièces par l'homme. Il est, aujourd'hui encore, le premier lac artificiel d'Europe par sa capacité, 1200 millions de m^3 et le second par sa superficie avec 28,2 km^2.

L'idée a germé dès la deuxième moitié du XIXe siècle, d'une part lors des crues dévastatrices de la Durance en 1843 et 1856, d'autre part avec le besoin en eau des agriculteurs provençaux lors des années de sècheresse comme en 1895. Le site de Serre-Ponçon présentait un goulet étroit, à 2 km en aval du confluent de l'Ubaye, idéal pour un barrage.

A l'origine, le projet étudié par Ivan Wilhem, ingénieur polytechnicien, prévoyait la construction d'une structure en maçonnerie ou en béton armé créant une retenue à la cote 752, juste au-dessous du niveau du village de Savines-le-Lac. Ce barrage, d'une hauteur prévue de 88 mètres, retenant 600 millions de m^3, aurait déjà constitué un record du monde !

Mais les premiers sondages, de 1898 et 1899, laissent apparaître que le rocher de fondation, estimé à huit mètres, se situait à 42 mètres de profondeur.

A cette époque, les techniques n'étaient pas suffisamment développées pour réaliser une telle structure. Le site de Serre-Ponçon est abandonné.

Il faudra attendre l'après-guerre et la volonté de faire face au besoin grandissant en électricité, pour voir renaître des études plus

approfondies. L'entreprise EDF, tout juste nationalisée, se verra confier le projet de cette construction qui sera déclarée d'utilité publique. Son envergure est telle qu'une loi est votée le 5 janvier 1955, intitulée "loi d'aménagement de Serre-Ponçon et de la Basse-Durance".
De nouveaux sondages permettent de découvrir qu'en fait, le sol rocheux se situe sous 110 mètres d'alluvions !

Finalement, la structure sera en terre, inspirée de techniques américaines qui permettent, notamment, de résister à des tremblements de terre, car le futur lac est situé en zone sismique. La cote maximale de la retenue sera à 780 mètres, la crête du barrage fixée à 789,5 mètres, le périmètre de la concession défini à 784 mètres.
Les matériaux de construction sont extraits sur place. Un travail de colosse commence dès mars 1957, dans un ballet mécanique infernal et incessant d'énormes semi-remorques, de dumpers, de pelles mécaniques, de bulldozers, d'engins de levage et toute une noria de marteaux piqueurs.
C'est une véritable fourmilière humaine qui s'active : 2 000 à 3 000 ouvriers travaillent sur un chantier difficile de deux heures du matin à dix heures du soir.
Il a fallu extraire 4 millions de m^3 de roches pour faire place aux trois salles du barrage : celle des vannes, celle des machines et celle des transformateurs de puissance. Le projet est signé Jean Prouvé, associé à l'architecte Jean de Mailly.

Parallèlement, on réalise 14 kilomètres de voie ferrée, trois nouveaux viaducs SNCF et 50 kilomètres de route… sans oublier le grand pont de Savines-le-Lac !

Sa construction est spectaculaire : 924 mètres de long reliant les deux rives du lac au-dessus du vieux village, toujours habité.

Trois villages sont voués à la destruction, Savines-le-Lac, Ubaye et Rousset, leur altitude étant inférieure à la cote maximale prévue. Plus de 1 000 personnes devront être déplacées. Un film "L'eau vive", écrit par Jean Giono et réalisé par François Villiers, retrace cet épisode douloureux des villages engloutis. Sa chanson-titre, interprétée par Guy Béart, deviendra d'ailleurs un succès.
Les élus de la vallée ont milité et ont obtenu, pour la première fois, une indemnité pour le "préjudice moral causé par l'arrachement d'une population à son milieu naturel", une première en France à l'occasion de la construction d'un barrage et du déplacement de villages !

La mise en eau du lac de Serre-Ponçon s'effectue en 18 mois et débute le 16 novembre 1959. Lors de la conception de la retenue, l'eau du lac était uniquement prévue pour la production d'énergie, pour dompter la Durance et réserver de l'eau lors des étés de sécheresse au profit des agriculteurs et des villes en aval. C'était sans compter sur l'impact de ce lac sur les paysages, l'attrait des sports nautiques et le développement des vacances ! Le tourisme s'est ensuite invité à la fête avec d'autres exigences, essentiellement tournées vers un niveau de lac très proche de la cote maximale en été et la possibilité d'installer des aménagements touristiques sur les berges. Cette fonction, émergente depuis les années 70, est maintenant avalisée par EDF et depuis 2008, le tourisme est une donnée intégrée à la convention pour la gestion touristique du domaine public hydroélectrique.

1 "Les barrages du soleil" de Jacques Bonnet, les éditions du Cabri, 1993.

La Durance

Capricieuse, fantasque, fougueuse, inconstante, tumultueuse, coléreuse, violente, dévastatrice… les mots ne sont jamais assez forts pour qualifier cette rivière impétueuse !
Elle a engendré, au cours du temps, de terribles ravages. Pourtant, elle est aussi source de vie, voie de pénétration, elle irrigue, transporte, accueille de nombreuses espèces biologiques, fournit des matériaux, produit de l'énergie…

Trait d'union entre le Piémont et la Provence, depuis sa source vers 2390 mètres d'altitude, la Durance parcourt plus de 300 kilomètres avant de se jeter dans le Rhône. Elle transporte d'ailleurs avec elle sa réputation destructrice comme en témoignent ces citations :
"Parlement, Mistral et Durance sont les trois fléaux de la Provence[2]"
ou encore
"Adieu ma sœur la Durance,
Nous nous séparons sur ce mont
Tu vas ravager la France,
Je vais féconder le Piémont[3]".
Ainsi s'exprime la Doire, torrent qui prend sa source à proximité de la Durance, sur les contreforts du col de Montgenèvre.

Son nom ne fait pas l'unanimité et a fait couler de l'encre au siècle dernier… En effet, le torrent Durance a un débit plus faible que celui de la Clarée qui prend, de plus, sa source plus haut (3178 m). On aurait donc du appeler ce torrent "Clarée". Mais, depuis des temps reculés, les voyageurs longent ce cours d'eau pour se rendre plus au sud, lui conservant la même dénomination depuis Montgenèvre.

La rivière a également été utilisée comme voie de transport, jusqu'à l'avènement du chemin de fer dans le dernier quart du XIXe siècle.

La vallée joue, encore aujourd'hui, un rôle important de couloir biologique et a donc été classée *"Natura 2000"* du barrage de Serre-Ponçon au Rhône.

De régime torrentiel, son débit a une forte variabilité annuelle, de 40 m^3/s, étiage maximum, à 6 000 m^3/s pour les crues milléniales, niveaux atteints en 1843, 1882 et 1886, au confluent avec le Rhône.

Aujourd'hui, grâce à de multiples aménagements le long de son cours, les flots de la Durance sont mieux maîtrisés et canalisés de Montgenèvre au sud-ouest d'Avignon et desservent en eau potable Marseille grâce au canal du même nom. D'ailleurs, la Durance, personnifiée au centre d'un groupe sculpté, est célébrée au Palais Longchamp, le château d'eau monumental de la cité phocéenne, inauguré en 1869.

Des radeliers dompteurs d'eau

Dès le mois de mai, sur les berges de la Durance, une activité intense débute : de longues grumes sont posées côte à côte, des hommes s'affairent à les assembler grâce à des tiges en osier et des pointes métalliques, des structures émergent du platelage pour bloquer de longues rames… et début juin, le jour de la reconstitution, les radeaux sont poussés sur les flots tumultueux grossis par la fonte des neige, conduits par des radeliers d'un temps nouveau.

2. Proverbe populaire provençal du XVIe siècle.

3. Proverbe franco-piémontais.

Depuis 1993, des passionnés d'histoire et de technique tentent de reproduire les exploits des anciens sous l'égide de *"l'association des Radeliers de la Durance"*. Ces expérimentations et les recherches historiques conduites par l'association permettent d'en connaître un peu plus sur le savoir-faire de ces hommes dont le métier a disparu avec l'arrivée du chemin de fer dans les années 1880.

Billes de bois assemblées entre-elles par des *"riortes[4]"*, pointes en avant, le tout rigidifié par des *"clamaux[5]"* et dirigé grâce à deux ou quatre grandes rames, ces radeaux témoignent du temps ancien où la navigation sur la Durance était un moyen de transport indispensable pour des activités commerciales et notamment celles liées au bois. La majorité des radeaux mesurait entre 12 à 14 mètres de long, mais il pouvait également y avoir des "trains" de radeaux, autrement dit une succession de plusieurs embarcations, liées entre elles. Les radeliers les fabriquaient et les conduisaient de Saint-Clément jusqu'au Rhône. Trois à quatre jours étaient nécessaires pour rallier la Provence, selon les conditions de rivière et le volume du bois transporté.

Depuis le XIIe siècle, la demande en bois de construction est allée croissant avec le développement des cités. Puis à partir du XVIIe siècle, les chantiers navals de la Méditerranée vont accroître les commandes des bois dits "de marine". Les troncs des mélèzes abattus dans les forêts de l'Embrunais ou du Queyras permettaient la fabrication de bordées, ponts de vaisseaux ou rames de galères, tandis que le sapin de Boscodon servait à la mature et aux gréements. A cette époque les routes terrestres étaient très mal entretenues et la voie fluviale plus rapide, d'où le développement de ce mode de transport.

Au XIXe siècle, avec ses 256 kilomètres ouverts aux radeaux, la Durance était la plus longue rivière française à être classée flottable[6].

Avec l'avènement du chemin de fer et l'amélioration des routes, le flottage a disparu du paysage alpin mais grâce à l'association des Radeliers de la Durance, les reconstitutions attirent de nombreux spectateurs et permettent de se souvenir de cette activité ancestrale au moins un fois par an.

De "Las Crottas" à Crots

Auparavant clos de remparts, le village a beaucoup évolué. A l'origine, sur cette commune, l'activité humaine s'était développée principalement en hauteur, le long de la draye[7] de transhumance qui traversait Pontis, passait par le col du même nom, continuait par Pierre-Arnoux, la motte de Montmirail, Costebelle et les Dourioux. D'ailleurs, une sépulture datant de l'âge du Bronze a été découverte en 1870 à proximité de ce dernier hameau, attestant une fréquentation préhistorique. Des écrits mentionnent la transhumance en 1247, mais elle devait exister bien avant. Au Xe siècle, sont édifiées deux mottes seigneuriales : Montmirail et Puy Comtal. Trois siècles plus tard, une communauté villageoise s'installe sous la protection du château devenu "Picomtal". Ainsi naîtra le hameau "Las Crottas[8]" qui donnera son nom ancien, Les Crottes, à la commune. En 1972, elle sera rebaptisée Crots.

Après les pillages des routiers provençaux au XIVe siècle, la cité s'est renfermée dans des remparts, avec une seule entrée à l'ouest protégée par la tour de Beauregard. A cette époque, la route royale passait plus bas, à l'emplacement de l'actuelle digue.

---

4. Riortes : provençal alpin, lien en osier

5. Clamaux : cavaliers métalliques.

6. Denis Furestier *"Les radeliers de la Durance"* dans *"11e rencontres internationales des flotteurs et radeliers"*, 1998.

7. Draye : chemin de transhumance.

8. Provençal alpin : les caves.

L'église est reconstruite à son emplacement actuel et s'orne d'un porche à l'image de celui de la cathédrale d'Embrun. En 1853, une crue de la Durance emporte la route et le trafic est dévié à travers le village. Le porche est alors démoli pour faciliter le passage. La porte en pin cembro date du XVIe siècle avec décor en plis de serviette typique de l'art gothique.

Le clocher avec sa flèche et ses pyramidions est récent : il a été transformé en 1829 pour s'apparenter à celui de la cathédrale d'Embrun.

A l'intérieur, dans le chœur, sous l'enduit apparent, des sondages ont révélé deux époques différentes de peintures, probablement XVe et XVIIe siècle. Il reste maintenant à les dégager et à les restaurer !

Au XIXe siècle, bon nombre de Crétorins ont émigré vers le sud. C'était, à l'origine, une migration uniquement saisonnière en hiver pour soulager les réserves alimentaires durant la saison rude : elle devint définitive après 1880. Beaucoup ont exercé le métier de charcutier et ont fait fortune. Les habitants des Hautes-Alpes étaient si nombreux dans ce métier que le responsable du syndicat des charcutiers des Bouches-du-Rhône était très souvent un professionnel originaire de Crots.

Avec la disparition de nombreuses charcuteries, certains tentent de préserver cette mémoire en conservant du matériel dans l'optique de créer un véritable lieu muséographique.

Depuis 1990, le trafic routier, de plus en plus important, a été dévié. Il est donc maintenant possible de découvrir le village en toute tranquillité comme le château dominant les habitations.

Le château de Picomtal, du guet à la résidence

Fièrement dressé au-dessus du village de Crots, le château de Picomtal est l'un des rares châteaux du département à avoir survécu aux guerres et aux ravages du temps. Ses quatre tours, ses façades avec fenêtres à meneaux, sa terrasse, son jardin, ont vécu une histoire mouvementée…

A l'origine, une unique tour en bois avait été construite sur un mamelon surplombant la vallée de la Durance, probablement au Xe siècle[9]. Elle participait, comme la motte seigneuriale de Montmirail à proximité du torrent du Boscodon, à la surveillance des chemins de transhumance, moyen de ressource des habitants. La tour appelée "Puy Comtal" appartenait à une famille de la noblesse locale : les "Embrun". Chassés de la ville, ils viennent s'installer dans leur tour avec leur garnison et leurs domestiques. Au XIIIe siècle, la tour en bois est remplacée par un donjon en pierre et les habitants des hauteurs se rapprochent de ce qu'ils considèrent comme une protection, pour former un village.

Au XIVe siècle, au donjon est rajouté un corps de bâtiment et trois autres tours viennent améliorer la protection du lieu. Au XVIe siècle, le château est agrandi et des plafonds à la française viennent orner son intérieur. Le château devient une belle demeure, malheureusement en partie détruite par les troupes du duc de Savoie en 1692.

Le château sera racheté et reconstruit tout d'abord par un magistrat d'Aix-en-Provence et les propriétaires successifs n'auront de cesse de l'embellir. Au XIXe siècle, la véranda style Louisiane, encadrée de deux genévriers de Virginie, sera rajoutée

---

9. *"Château de Picomtal"*, Association de sauvegarde et de mise en valeur du patrimoine et de l'environnement de Crots, 2007.

côté sud donnant sur le jardin. L'historien des Hautes-Alpes, Joseph Roman achètera Picomtal en 1876 et engagera des travaux comme la mise en place de fenêtres à meneaux ou des aménagements intérieurs pour en faire une magnifique résidence.

Les dernières restaurations ont été réalisées entre 1999 et 2003 par l'actuelle famille, propriétaire depuis 1998. Les toitures en ardoises ont été complètement restaurées, la voûte du premier niveau reconstituée en béton et les intérieurs ont été entièrement repris.
Aujourd'hui, c'est une résidence prestigieuse et confortable qui sert de cadre à des concerts, des rencontres, des ateliers, des séminaires, des réceptions, des séjours touristiques, et que l'on peut découvrir grâce à des visites guidées.

L'abbaye de Boscodon, histoire mouvementée d'une abbaye romane

Pureté des lignes, simplicité des pierres, élancement des formes, jeux des couleurs… jaune, beige, brun, vert, rouge… dans un écrin de verdure, sous la puissance des crêtes…
Dans ce cadre exceptionnel, des moines ont bâti au XIIe siècle une abbaye typique de l'architecture romane, toute en sobriété et pourtant majestueuse.

En 1130, Guillaume de Montmirail, seigneur des lieux, décide de léguer la forêt de Boscodon aux moines qui voudraient bien s'y établir : l'histoire commence.
Des moines de l'ordre monastique de Chalais s'installent en 1142. Ces moines suivent la règle de Saint-Benoît et sont très proches des cisterciens.
Sous l'impulsion de Guigues de Revel, premier abbé de Boscodon, ils construisent l'abbatiale, puis les bâtiments conventuels autour du cloître, en utilisant un rapport de proportion en lien avec le corps de l'homme. Ce rapport de proportion est appelé nombre d'or à partir du XIXe siècle.
Les pierres, ou cargneules, étaient taillées directement en carrière située plus en amont dans la vallée et ramenées sur le chantier pour y être posées.
Les principales ressources des moines étaient assurées par le droit de passage des moutons lors de la transhumance et par l'exploitation de la forêt.
Très vite, l'abbaye va rayonner et créer des filiales dans tout le sud-est de la Provence. Lorsque Chalais est rattaché à l'ordre de la Grande Chartreuse, au début du XIVe siècle, Boscodon va tenter de devenir chef d'ordre. Mais, très vite, des guerres incessantes vont affaiblir l'abbaye et la ravager : guerre de Cent Ans, guerre de Provence, raids de pillards, guerre de religion entre catholiques et protestants, guerre entre la France et les États de Savoie. A chaque fois, elle se relève jusqu'à ce qu'en 1769, l'archevêque d'Embrun Monseigneur de Leyssin tente de s'approprier ces biens en supprimant la conventualité.
Avec la Révolution française, les bâtiments sont vendus et des familles s'installent : l'abbaye devient un hameau du village des Crottes. En 1923, on comptait 23 enfants à l'école du hameau installée dans la chapelle. Puis peu à peu la population diminue, cette nouvelle vie ralentit.
C'est en 1969 que l'abbaye en tant que telle est "redécouverte" et inscrite à l'Inventaire supplémentaire des Monuments

historiques. En 1972, sous l'impulsion d'une petite communauté de moines dominicains venant de Chalais, une association est créée. La propriétaire de l'abbatiale et d'une partie des bâtiments conventuels décide de les vendre à l'association pour les rendre à leur vocation première. Les premiers travaux de déblaiement commencent.

En 1974, l'ensemble est définitivement classé Monument historique.

Grâce à un important travail de recherches historique et archéologique, allié à un remembrement des bâtiments claustraux, la restauration peut débuter. A partir de 1975, l'aile des officiers émerge et sera totalement restaurée en 1995. De vieilles photos et des gravures de la fin du XIXe siècle vont permettre de reconstruire le clocher à l'identique. Une des cloches avait été retrouvée dans le clocher de l'église Saint-Laurent du village et sera "rendue" en 1992, une autre a été coulée spécialement pour l'abbaye, puis baptisée en 2000[10].

Bénévoles et spécialistes, tous passionnés, s'activent maintenant à la reconstitution du cloître, pour lui redonner une partie de sa silhouette, côté nord.

Au fur et à mesure des campagnes de restauration, l'abbaye revient vers sa forme originelle. L'art cistercien est à nouveau dévoilé dans la qualité de l'appareillage, la simplicité des formes, l'harmonie et la quiétude qui s'en dégagent.

Grâce à *"l'association des amis de l'abbaye de Boscodon"* et à la communauté religieuse, cet ensemble a pu renaître de manière culturelle et spirituelle. De nombreux concerts, conférences, ateliers, expositions, éditions d'ouvrages, rencontres spirituelles, veillées de prières, célébrations religieuses sont régulièrement organisés.

L'abbaye de Boscodon attire 90 000 visiteurs par an (chiffres 2007).

Le Grand Morgon

Majestueux, le Morgon imprègne le paysage du lac de Serre-Ponçon. Selon le point de vue, son caractère varie. Dominateur et imposant à l'ouest, il devient ouvert et accueillant sur sa face nord. L'itinéraire de découverte le plus pratiqué traverse la forêt de Boscodon, une forêt dont sont issues quelques légendes comme celle de la Fontaine de l'ours[11].

Un large chemin serpente à l'ombre des arbres jusqu'au cirque du Morgon, très ouvert. Le petit lac est souvent asséché et le sentier se perd un peu dans les alpages. Au fond, la cabane du berger sert de point de repère. Et lorsque le sommet est proche, la vue sur le lac de Serre-Ponçon est époustouflante, voire étourdissante.

Au début du XXe siècle, un pèlerinage partait en procession, le 10 juillet, bien avant le lever du jour, depuis le village de Crots jusqu'au lac du Morgon. *"Une halte a lieu dans le hameau du Bois à la chapelle sous le vocable de Saint-Benoît. On y assiste à une messe suivie du déjeuner. La procession se remet en marche et après un assez long trajet on arrive au lac. Elle en fait le tour trois fois en chantant. Le prêtre alors bénit les eaux, puis célèbre une seconde messe sur un autel improvisé, encadré dans une cabane en planches garnie de feuillage et de fleurs… A diverses stations de la route, le prêtre bénit les fruits de la terre et les troupeaux. Enfin le pèlerinage se termine à l'église[12]".*

---

10 *"L'abbaye de Boscodon"*, Christian Gay, sœur Jeanne-Marie, Hervé Champollion, éditions Ouest-France, 2002.

11. Légende de la Fontaine de l'ours : vers l'an 600, saint Arey, fondateur de l'évêché de Gap, rentrait de Rome après une visite au pape, lorsque son charriot fut attaqué par un ours qui dévora l'un de ses bœufs. Particulièrement mécontent, Arey ordonna à l'animal de remplacer le bœuf manquant pour le ramener à Gap. Et l'ours obtempéra. Apprivoisé, il devint alors le meilleur ami du saint. Pour ne pas le confondre avec un autre de ses congénères, le prélat lui offrit alors un magnifique collier d'or et

Le pont de Savines-le-Lac, architecture remarquable du XXe siècle

Passage obligé pour lier le sud au nord des Hautes-Alpes, le pont court sur le lac de pile en pile ; sa blancheur barre cette grande étendue bleue comme une ligne de flottaison, pourtant bien ancrée dans les profondeurs.

Construit entre 1958 et 1960, le pont de Savines-le-Lac fait partie de la première génération française de ponts en béton précontraint construits par encorbellements successifs. Cette nouvelle technique a permis d'atteindre des portées jusqu'alors inaccessibles au béton simplement armé. D'une longueur de 924 mètres, sa portée maximale est de 77 mètres, avec 11 piles qui varient de 15 à 43 mètres de hauteur.
Cet ouvrage appartient aux constructions de Serre-Ponçon classées *"Patrimoine du XXE siècle"* en 2000. Le label est attribué par le ministère de la Culture et de la Communication aux édifices contemporains présentant un intérêt architectural majeur et donne un éclairage nouveau à cet ouvrage d'art.
On doit cette réalisation à l'ingénieur Jean Courbon, directeur technique aux Grands travaux de Marseille.

La Chapelle Saint-Michel

Semblant flotter à la surface de l'eau, cette chapelle est une miraculée.
Bien que dépassant légèrement de la cote maximale, elle était programmée pour disparaître avant la mise en eau du lac de Serre-Ponçon. Heureusement, le contre-ordre est arrivé le jour même où les bulldozers devaient se mettre en action[13] !
Aujourd'hui, émergeant de l'eau ou des limons selon les saisons, cette chapelle marque de son caractère sacré le paysage du lac.
L'îlot est d'ailleurs un site classé depuis 1966. L'architecture de l'édifice remonte au XVIIe siècle, mais l'endroit avait été bâti dès le XIIe siècle, puis ravagé par les troupes du duc de Savoie en 1692. En 1989, d'importants travaux de restauration et de protection des berges ont permis de donner un meilleur visage à cet ensemble.
Pourtant, impossible de visiter la chapelle en été puisqu'il est interdit d'accoster sur l'îlot, régulièrement pillé. Par contre, en période de basses-eaux, lorsque les limons apparaissent, le site est accessible à pied !

---

d'argent… À la mort du saint, le chagrin de l'ours fut si grand, qu'il s'enfuit loin de tout sans laisser de traces.
Bien plus tard, dans la forêt du Morgon, les moines de Boscodon mirent au jour, près d'une source, les restes d'un animal de grande taille qu'ils identifièrent facilement grâce au fameux collier. Depuis, l'endroit s'appelle la Fontaine de l'ours…
(Source : Roger Cézanne)

12. Cité par Arnold Van Gennep, "Les Hautes-Alpes traditionnelles", 1946.
13. *"Les barrages du soleil"*, Jacques Bonnet, les éditions du Cabri, 1993.

Saint-Apollinaire

En belvédère sur le lac de Serre-Ponçon, cette petite commune bénéficie d'un panorama imprenable, calme et serein.
L'église, édifiée au XIVe siècle, a été reconstruite à de nombreuses reprises. Le porche pourrait dater du XIIe siècle et avoir été réalisé sur l'emplacement de la chapelle primitive. Doté d'un clocher à flèche en pierre, l'édifice contemple les flots du lac. Un cadran solaire récent orne le côté sud. Il a été conçu par le cadranier Rémy Potey en 1995. Ce type de mesure du temps était très répandu dans la région jusqu'au XIXe siècle, à une époque où l'heure était locale, basée sur le soleil. Lorsqu'en 1891, l'heure légale, uniforme sur tout le territoire, est apparue, les cadrans ont été abandonnés et leurs tracés, réalisés à la fresque, ont disparu peu à peu, usés par les intempéries. En 1990, un inventaire a été lancé par le Conseil Général et des subventions ont été attribuées aux réhabilitations. Depuis, les cadrans solaires ont repris des couleurs et d'autres, modernes, décorent les façades, comme celui de l'église de Saint-Apollinaire. Sur celui-ci, le bleu prédomine à l'image du ciel et de l'eau qui l'entoure et les feuilles de vigne rappellent un temps, encore proche, où ces coteaux exposés plein sud étaient couverts de cépages.
A l'origine essentiellement agricole, la commune se transforme tout doucement en lieu résidentiel.
Un peu au-dessus du village, vos pas peuvent vous conduire vers un petit lac glaciaire. Cerné de montagnes, ce modeste lac offre une vue étonnante sur la vallée et attire aussi bien les randonneurs que les amateurs de pêche à la mouche ou encore les baigneurs.

Réallon, un château pour garder le trésor ?

Du haut de son épaulement glaciaire, sur un replat, l'ancien château en ruine domine encore le village. Il surveillait le chemin d'accès aux cols de la Coupa et du Barle en direction du Champsaur. Sans doute élevé au XIVe siècle, il était constitué d'un donjon carré entouré d'une enceinte incluant une autre tour semi-circulaire ouverte côté intérieur[14]. Ce "château" servait à la fois de guet, mais aussi d'abri à la population installée, à l'origine, plus près de la fortification. Par la suite, les habitants se sont déplacés un peu plus bas, au hameau des Gleizes.
L'histoire du village prend son origine loin dans le temps. Sur ce territoire de passage, trois trésors de parures datés de l'âge du Bronze final (- 2000 av JC) sont remontés à la surface, notamment lors de labours : l'un mis au jour en 1870, aujourd'hui disséminé, un autre en 1874 dont les 461 pièces sont exposées au musée national de l'archéologie de Saint-Germain-en-Laye, un troisième découvert en 1932 et actuellement au musée départemental de Gap, composé de 265 éléments. Ces très nombreuses pièces appartiennent à différents éléments de parures : ceintures, pendentifs, anneaux, bracelets, boutons coniques, rouelles, pièces d'harnachement, couteaux, faucilles, lances… *"une production française de luxe, parmi les plus belles de l'âge du Bronze"*, selon le conservateur du musée de Saint-Germain-en-Laye[15].

Au XVIe siècle, le chef-lieu s'orne d'une église consacrée à saint Pelade qui possède un des rares clochers-porches de l'Embrunais. La flèche octogonale en pierre, encadrée par

---

14. Corinne Peyron, périodique *"Les nouvelles du patrimoine réallonnais"*, 2007.
15. Alain Ville, colloque sur l'archéologie de montagne, Gap, octobre 2008.

quatre pyramidions[16] dont surgissent les gargouilles, prend modèle sur celle de la cathédrale d'Embrun. En 1984, des peintures murales ont été découvertes sous le porche et restaurées. L'une d'entre-elles met en scène un des enseignements de l'Eglise catholique : la bonne et la mauvaise prière. Au pied d'un Christ en croix, deux hommes sont agenouillés et de leurs bouches sortent des filets : les uns, dans le cas de la bonne prière, sont dirigés vers les plaies du Christ, alors que les autres, dans le cas de la mauvaise, se détournent du Christ pour rejoindre des biens terrestres[17]…

Beaucoup plus récemment, dans les années 1980, pour redynamiser la commune, une station de ski alpin à taille humaine a dessiné des pistes au pied des aiguilles de Chabrières, bénéficiant d'un panorama hors pair sur le lac. Au fond du vallon, le hameau des Gourniers ouvre la porte du Parc national des Ecrins, point de départ de nombreuses randonnées à pied ou à ski.

Les aiguilles de Chabrières, un particularisme géologique

Comme des guetteurs à jamais immobiles, surplombant le lac de Serre-Ponçon, ces grandes roches longilignes aux silhouettes dolomitiques représentent un phénomène géomorphologique surprenant.

Les aiguilles de Chabrières semblent surveiller le territoire qu'elles dominent : la vallée de la Durance, le massif du Parpaillon, Chorges et la plaine menant à Gap, Réallon, Saint-Apollinaire et Prunières. Un parcours en boucle donne l'occasion d'apprécier ce magnifique panorama à 360° et d'avoir une vision multiple du sommet, que l'on peut rejoindre par un passage délicat dans une ambiance minérale, calcaire et vertigineuse. Son nom même l'indique : en occitan alpin, Chabrières est un dérivé de chèvre, autrement dit ce type de site escarpé, aérien, est le terrain de prédilection des chèvres !

Derrière les aiguilles, un autre trésor géologique se dévoile, un phénomène d'érosion singulier : les "oucanes". Sur un plateau, les roches calcaires sont sillonnées de crevasses, creusées par les glaciers et les eaux froides, acides et donc agressives pour ces roches. Ce "lapiaz", pour les initiés, est important par sa rareté, sa superficie et son ampleur, mais attention, il peut être dangereux !

---

16. Pyramidions : petites pyramides en pierre aux angles des flèches des clochers.

17. "Peintures murales des Hautes-Alpes, XVe XVIe siècles", cahier de l'inventaire 7, Edisud, 1987.

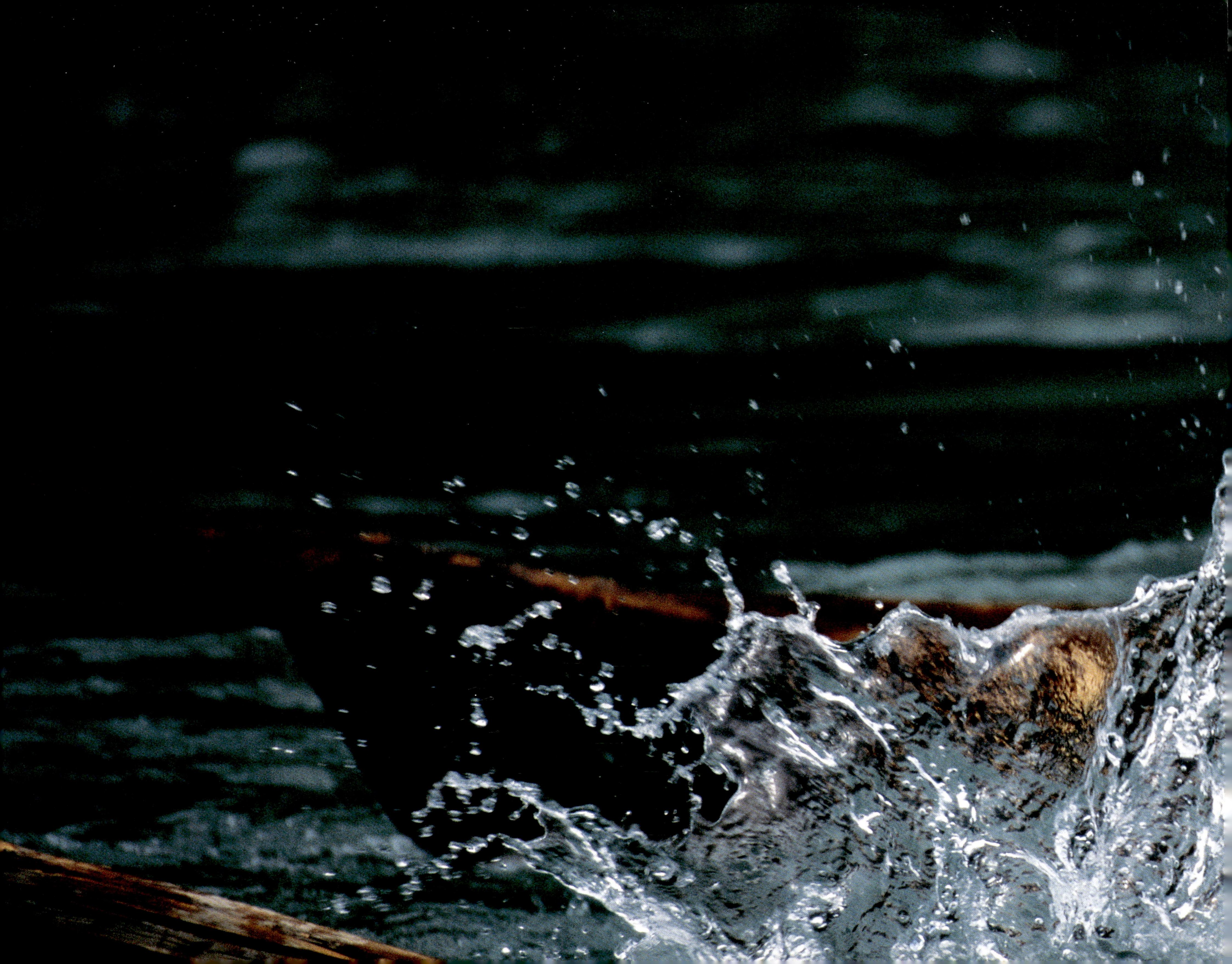

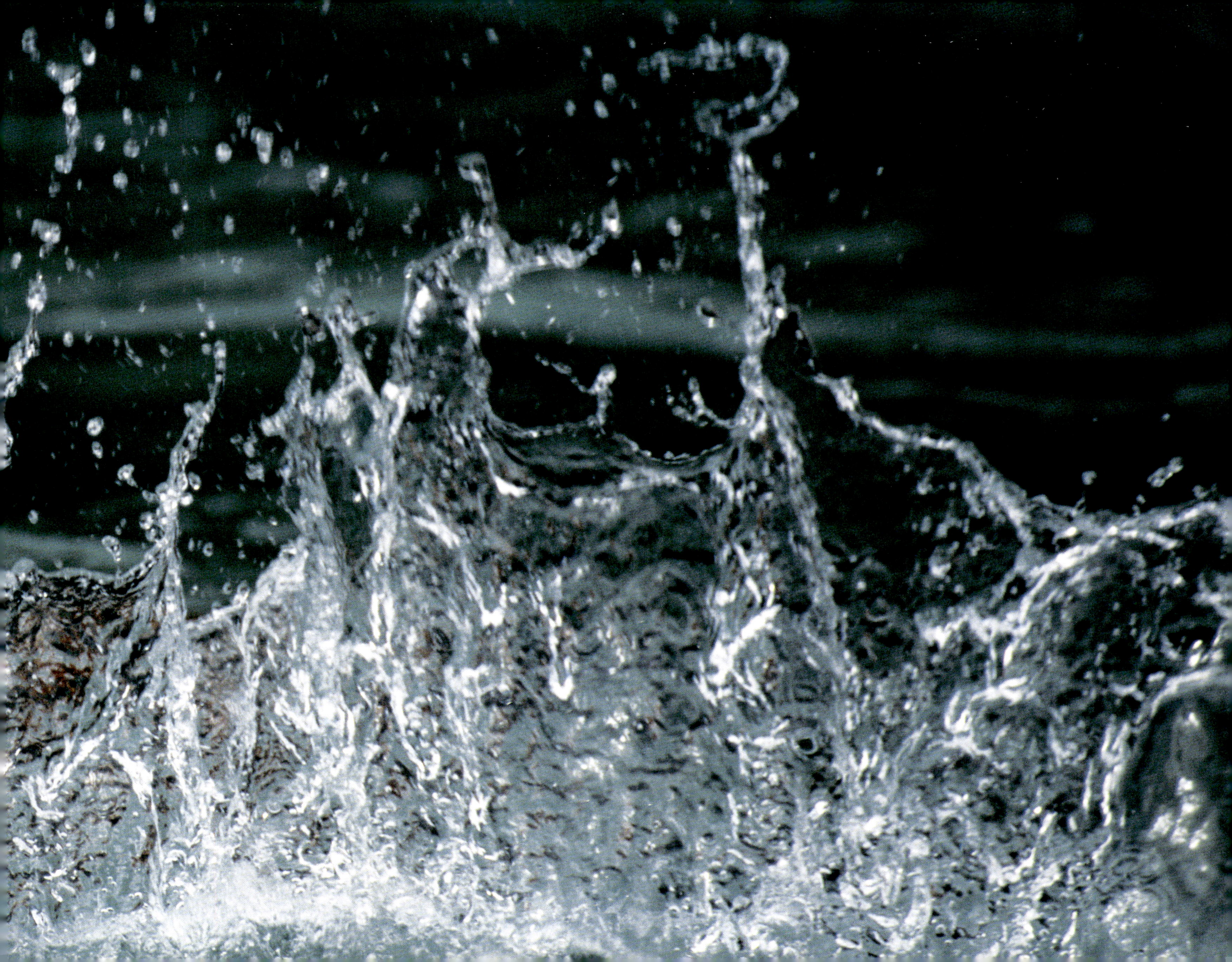

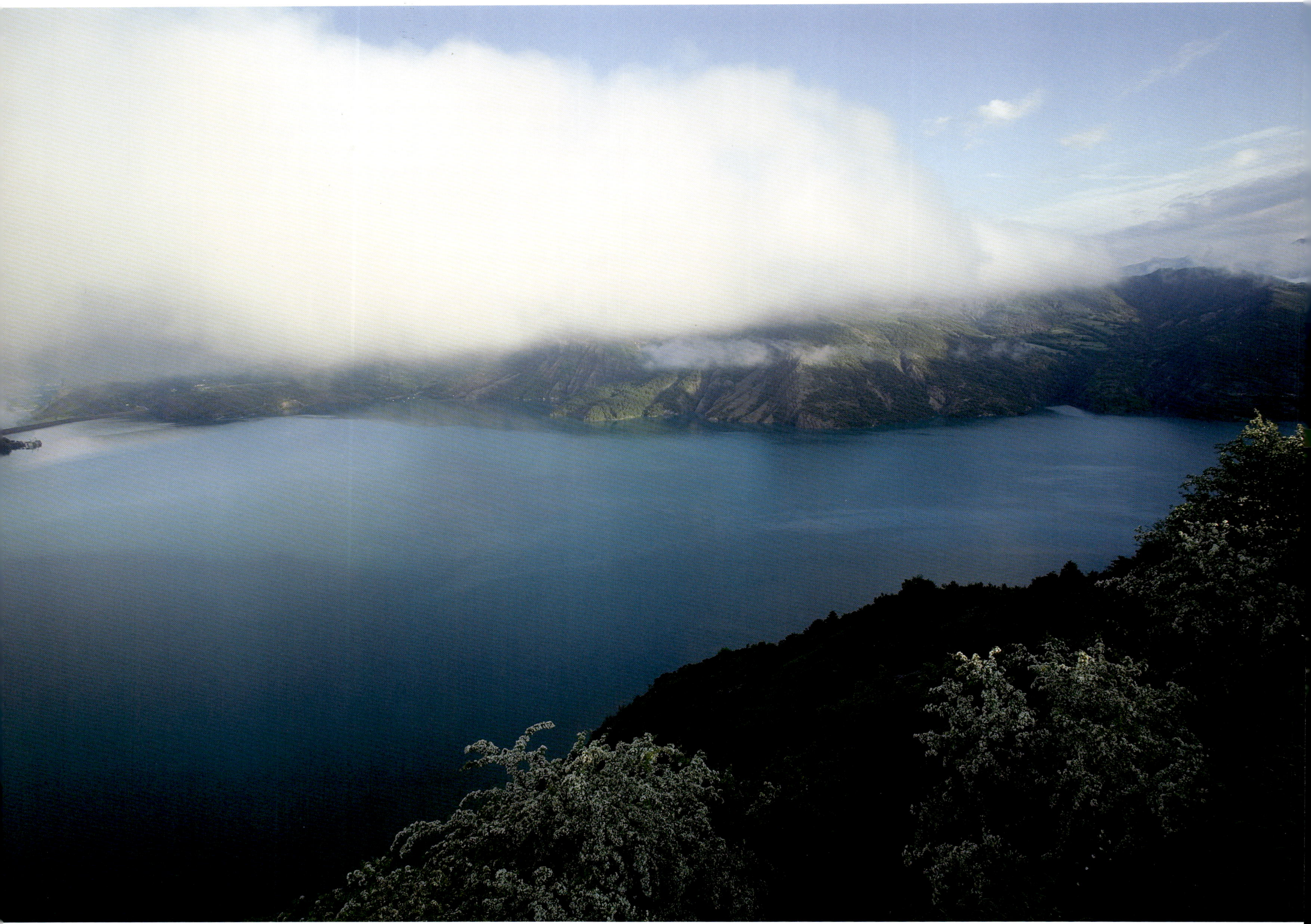

LE LAC DE SERRE PONÇON

Le pont de Chanteloube

Vue sur le lac de Serre-Ponçon depuis le Grand Morgon

LE LAC DE SERRE PONÇON

La Durance en crue (Mai 2008)

LA DURANCE

117

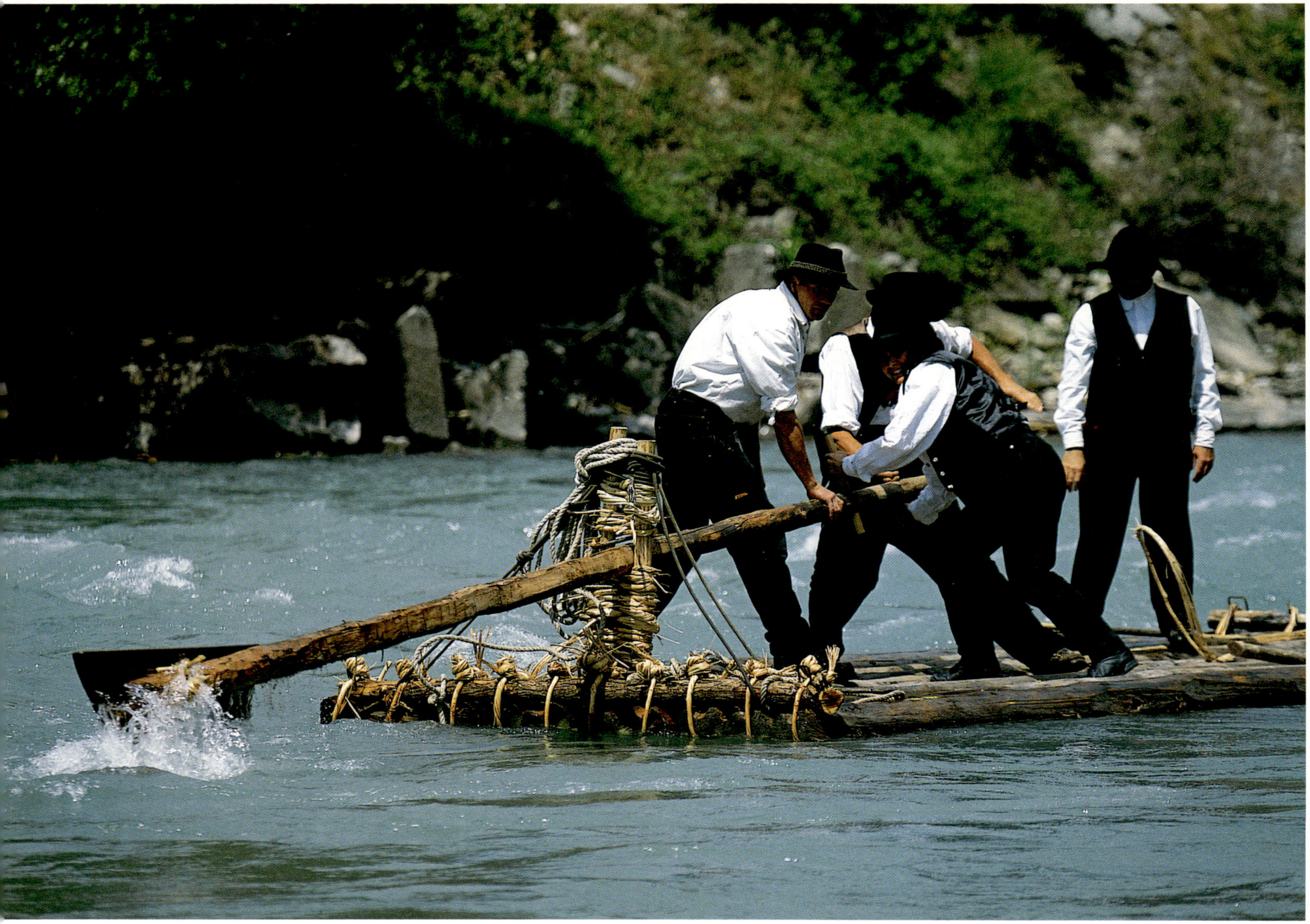
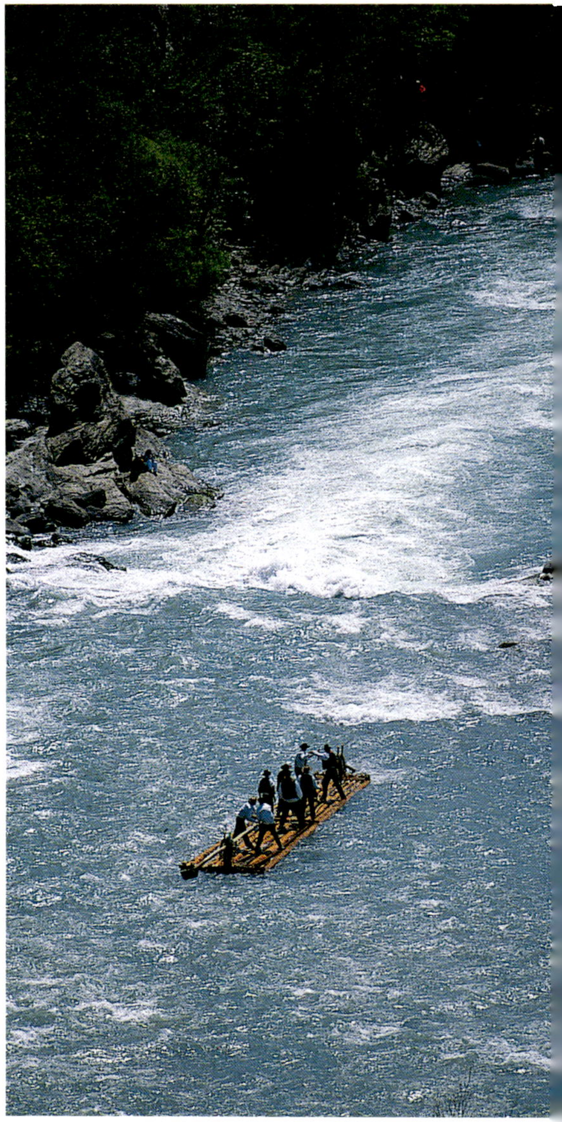

Les radeliers

LA DURANCE

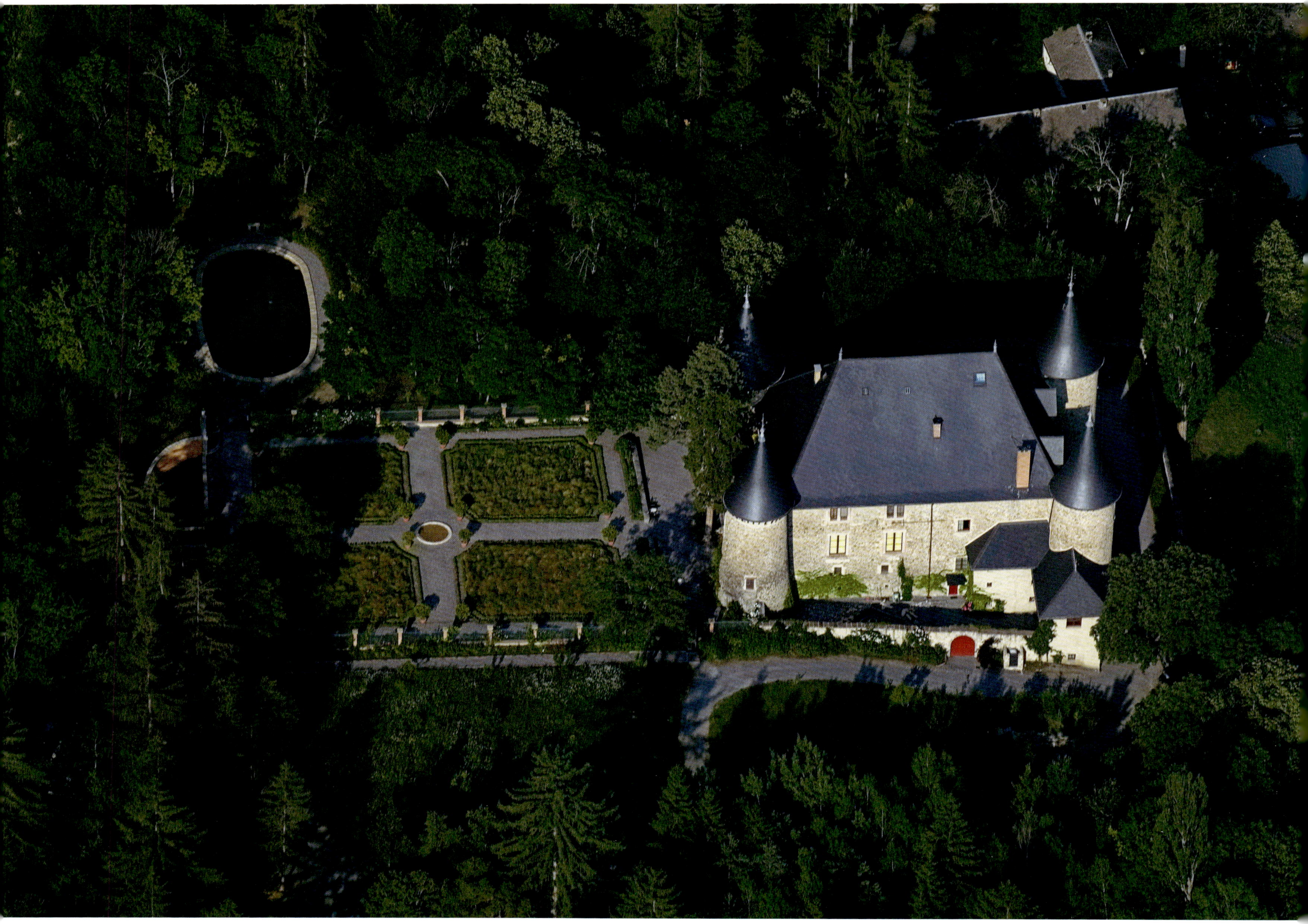

Le château de Picomtal

Le château de Picomtal

CROTS

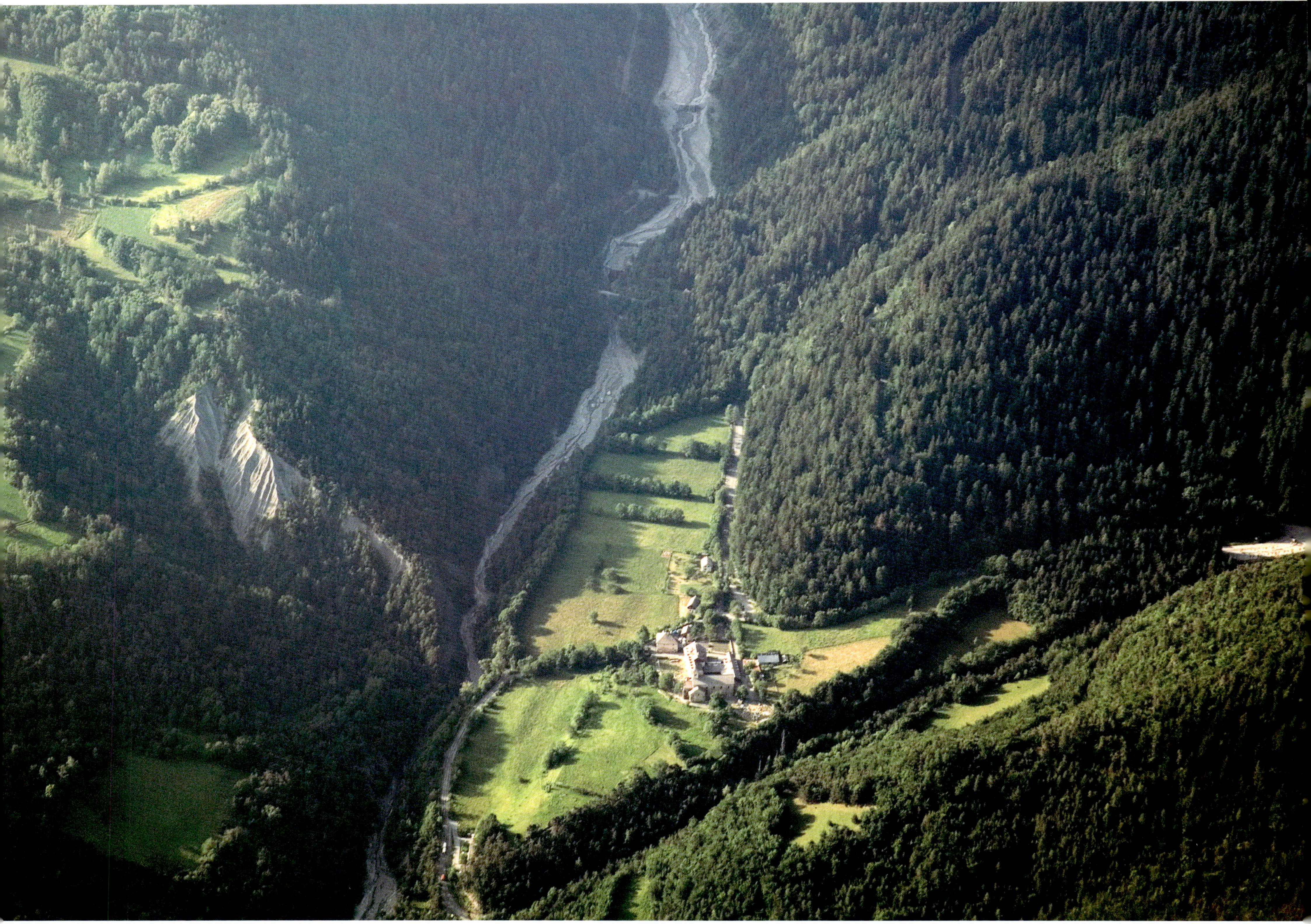

L'abbaye de Boscodon

CROTS

L'église de l'abbaye de Boscodon

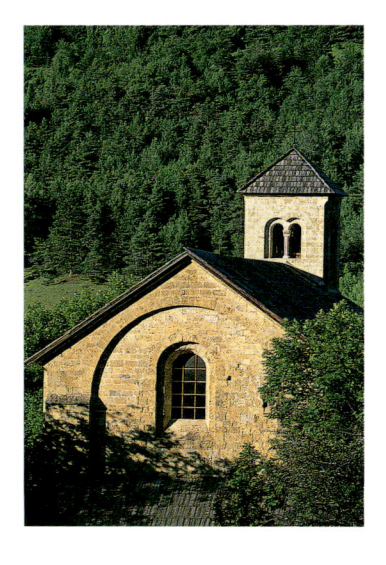

CROTS 127

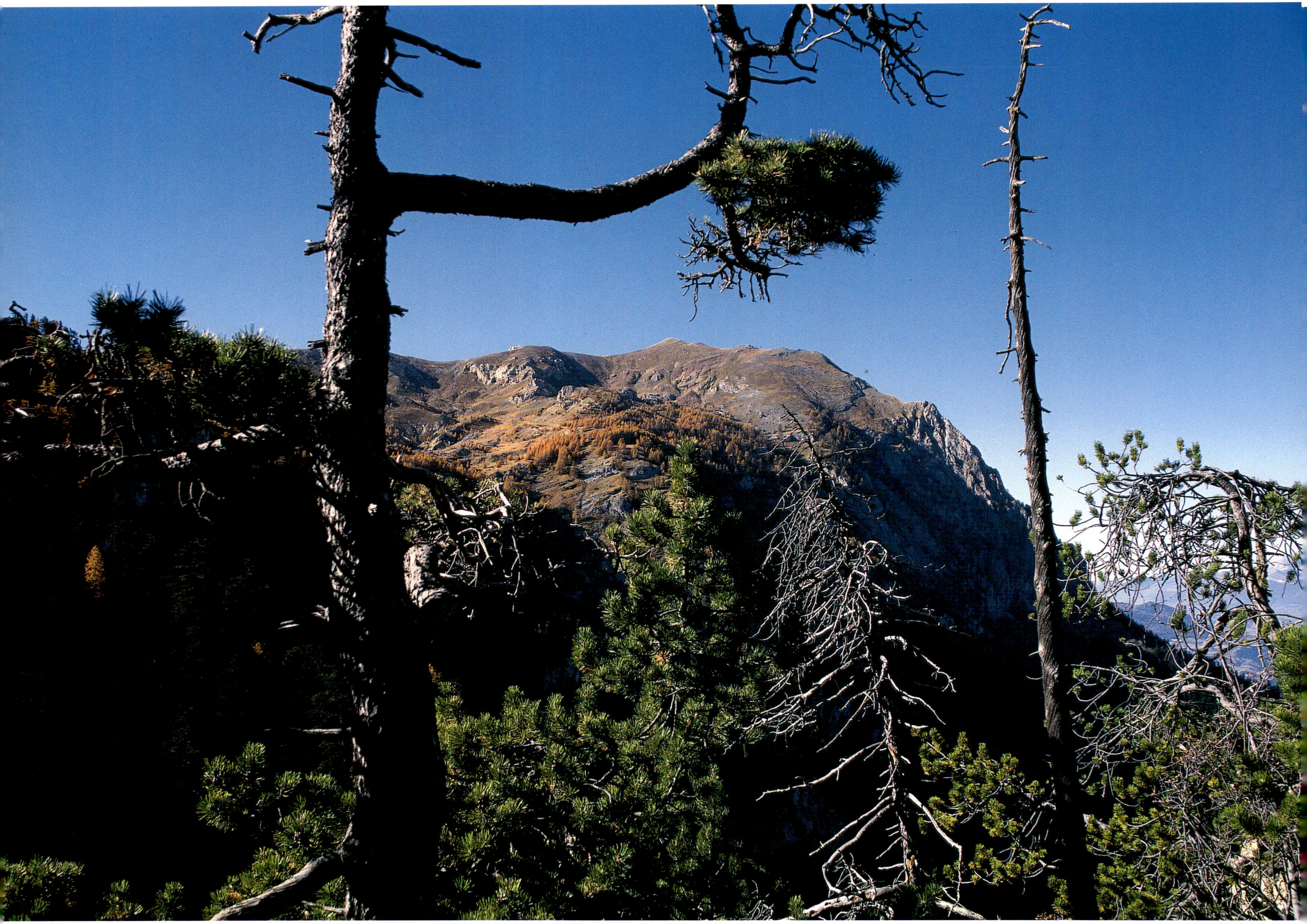

LE GRAND MORGON

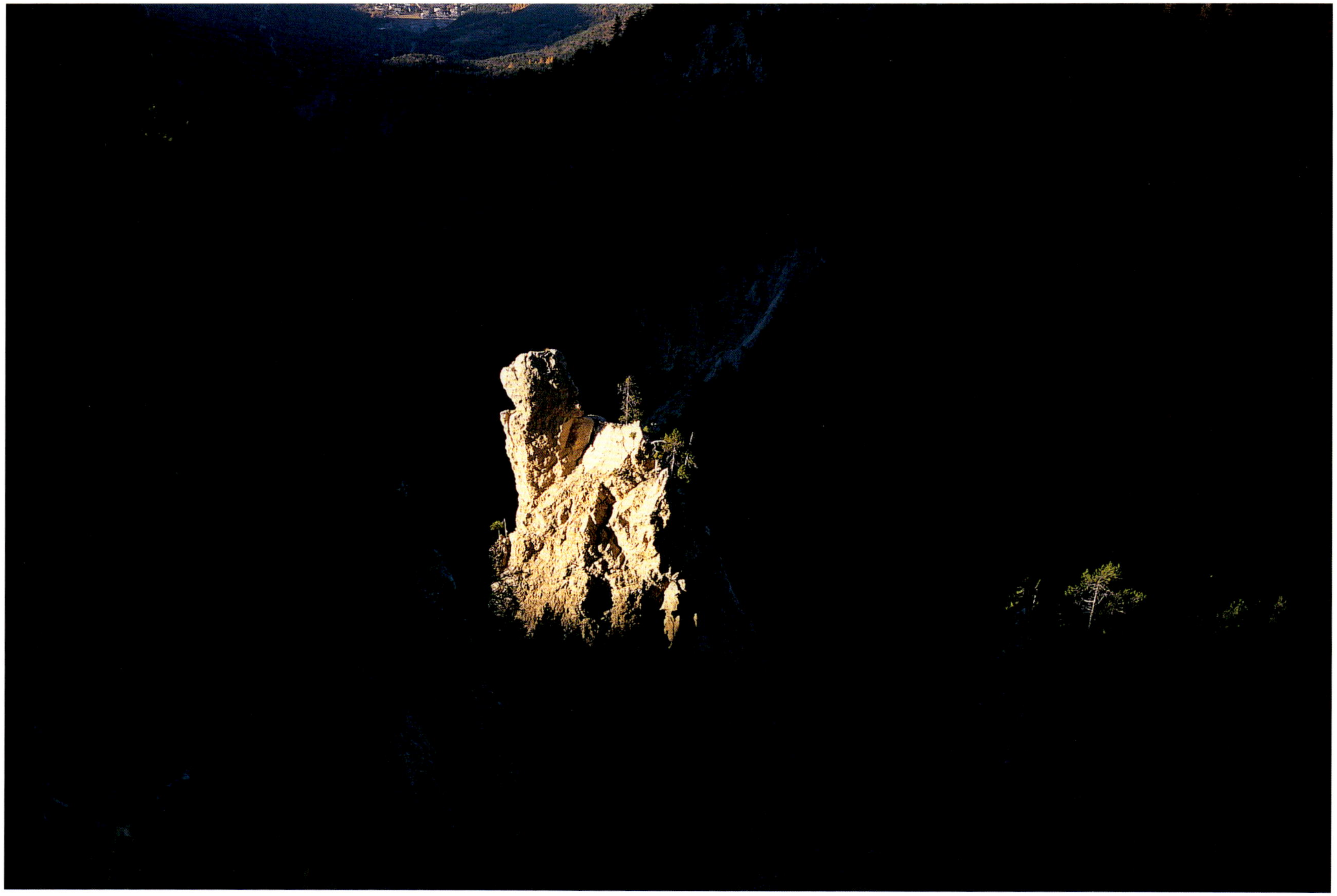

LE GRAND MORGON

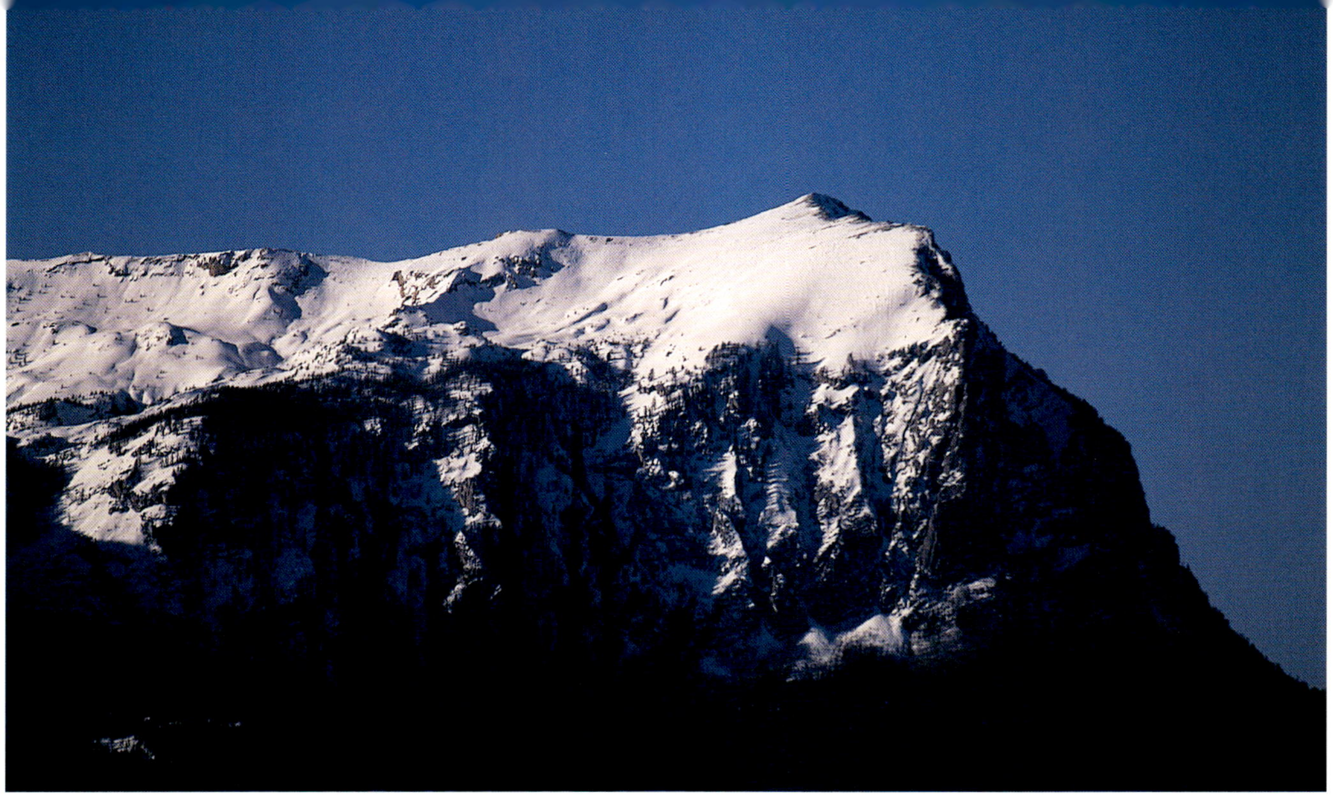

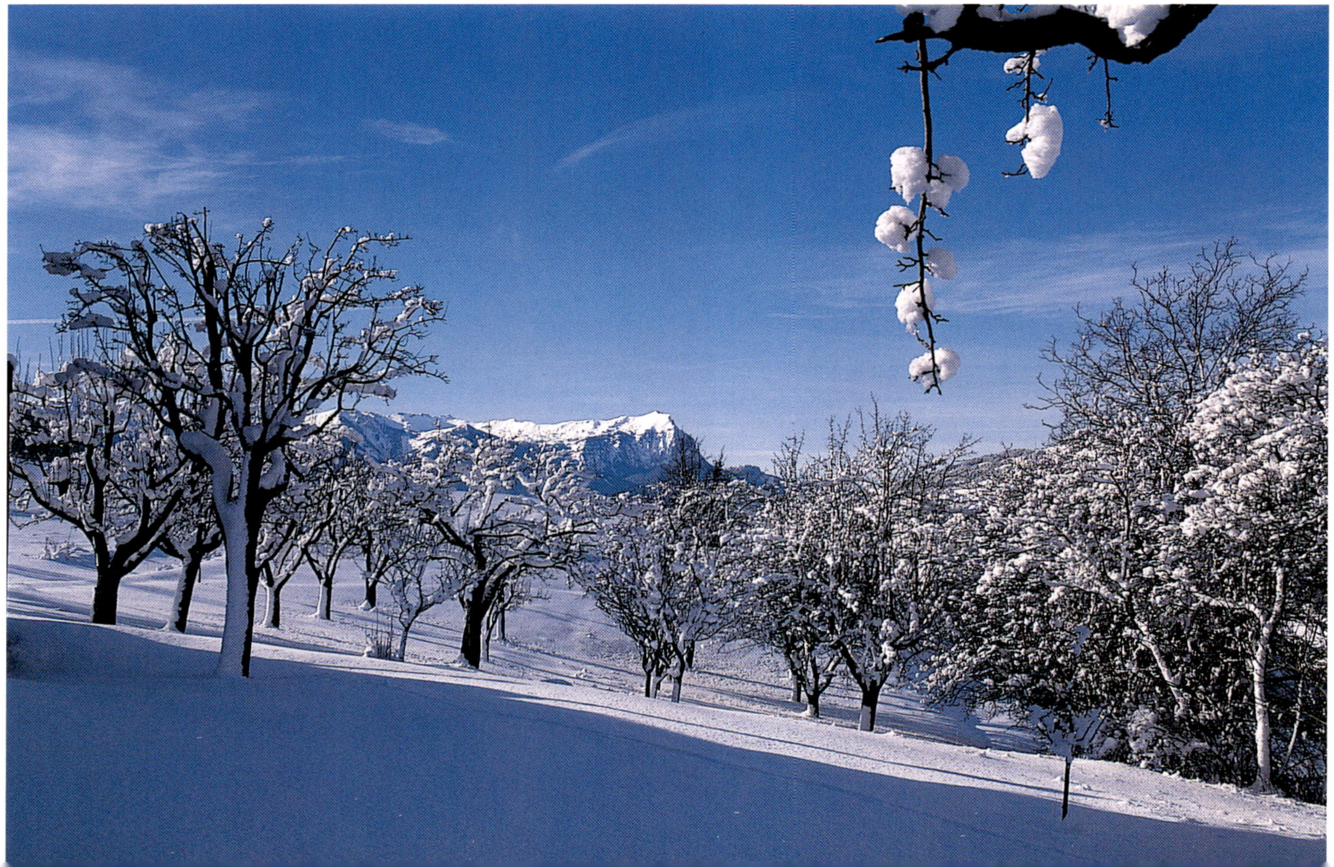

LE GRAND MORGON

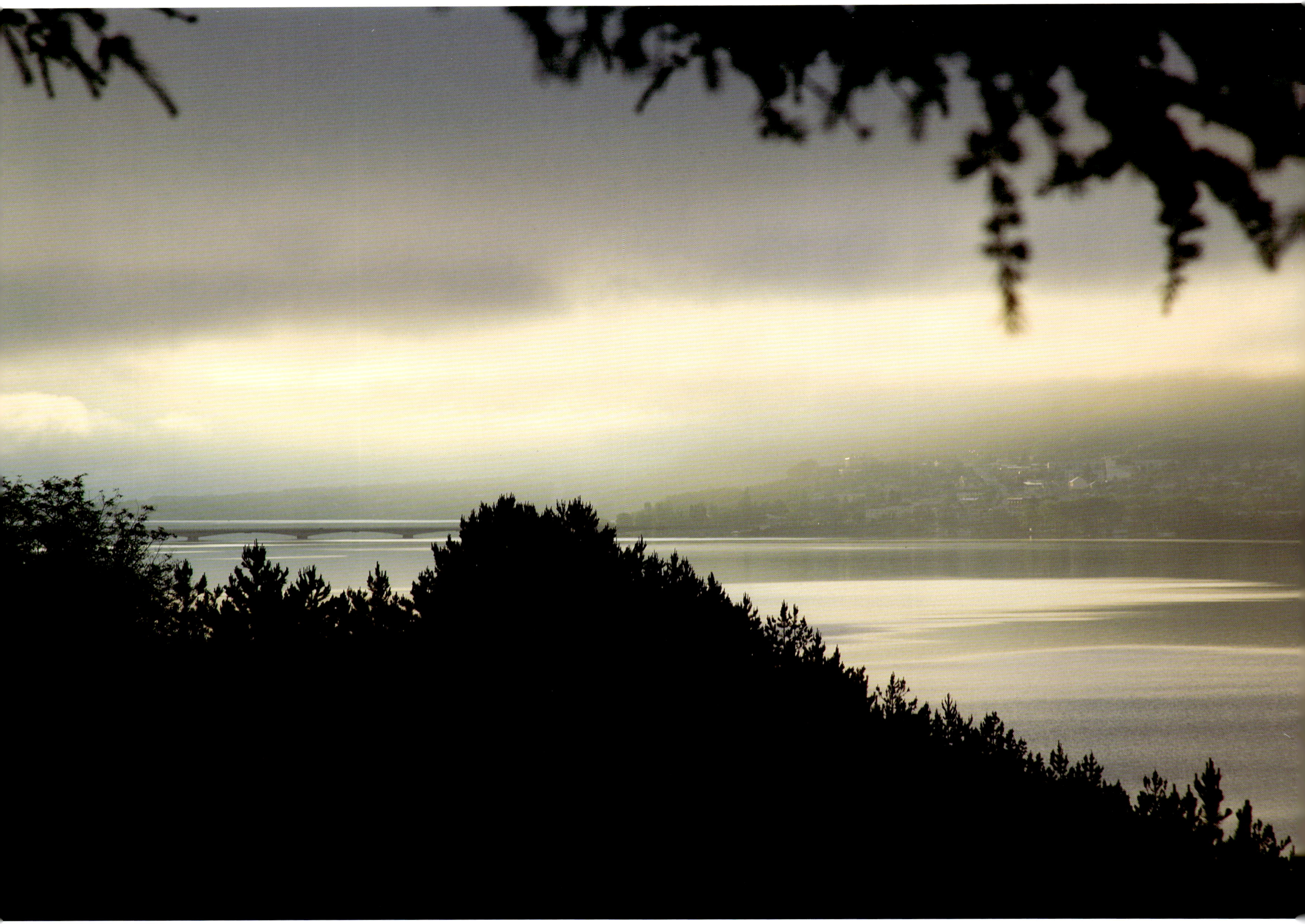

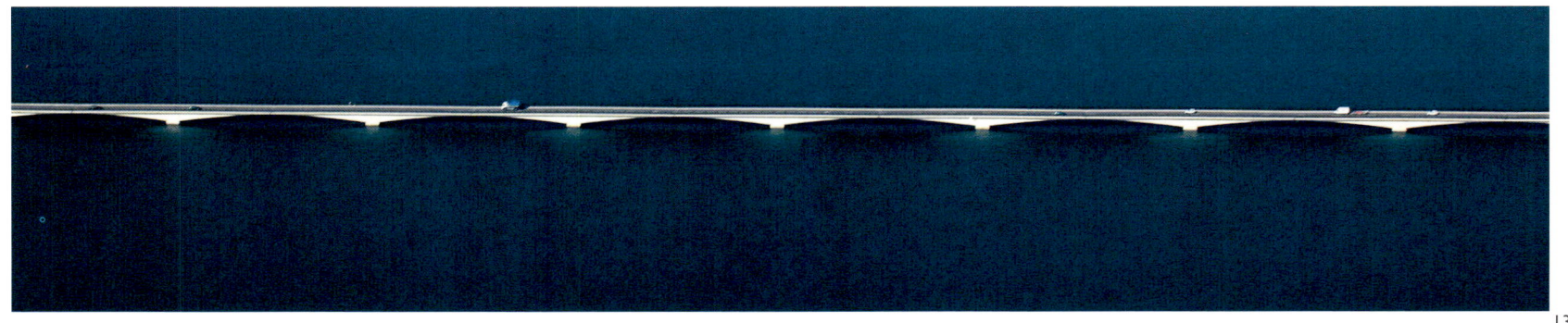

SAVINES-LE-LAC

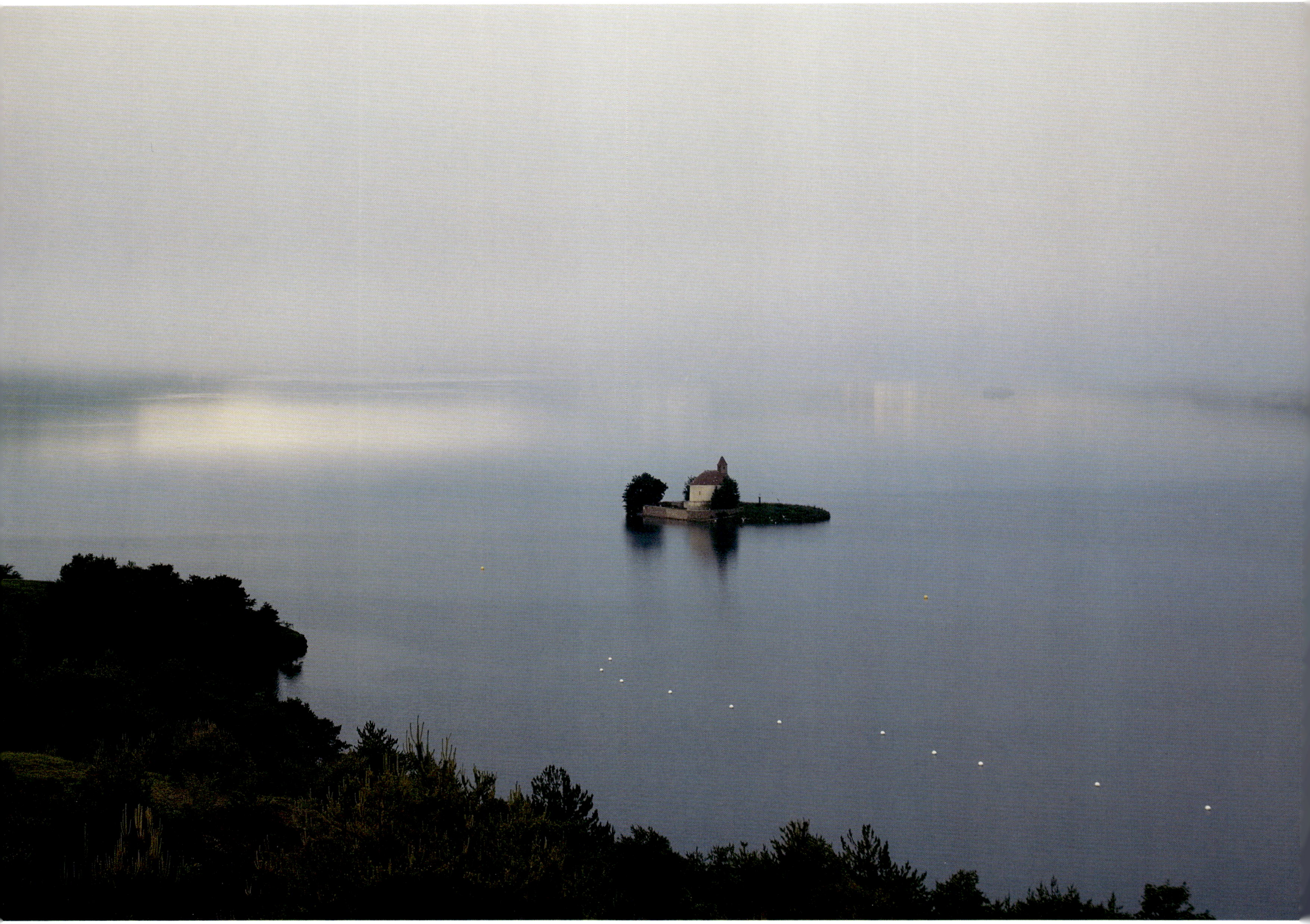

LA CHAPELLE SAINT-MICHEL

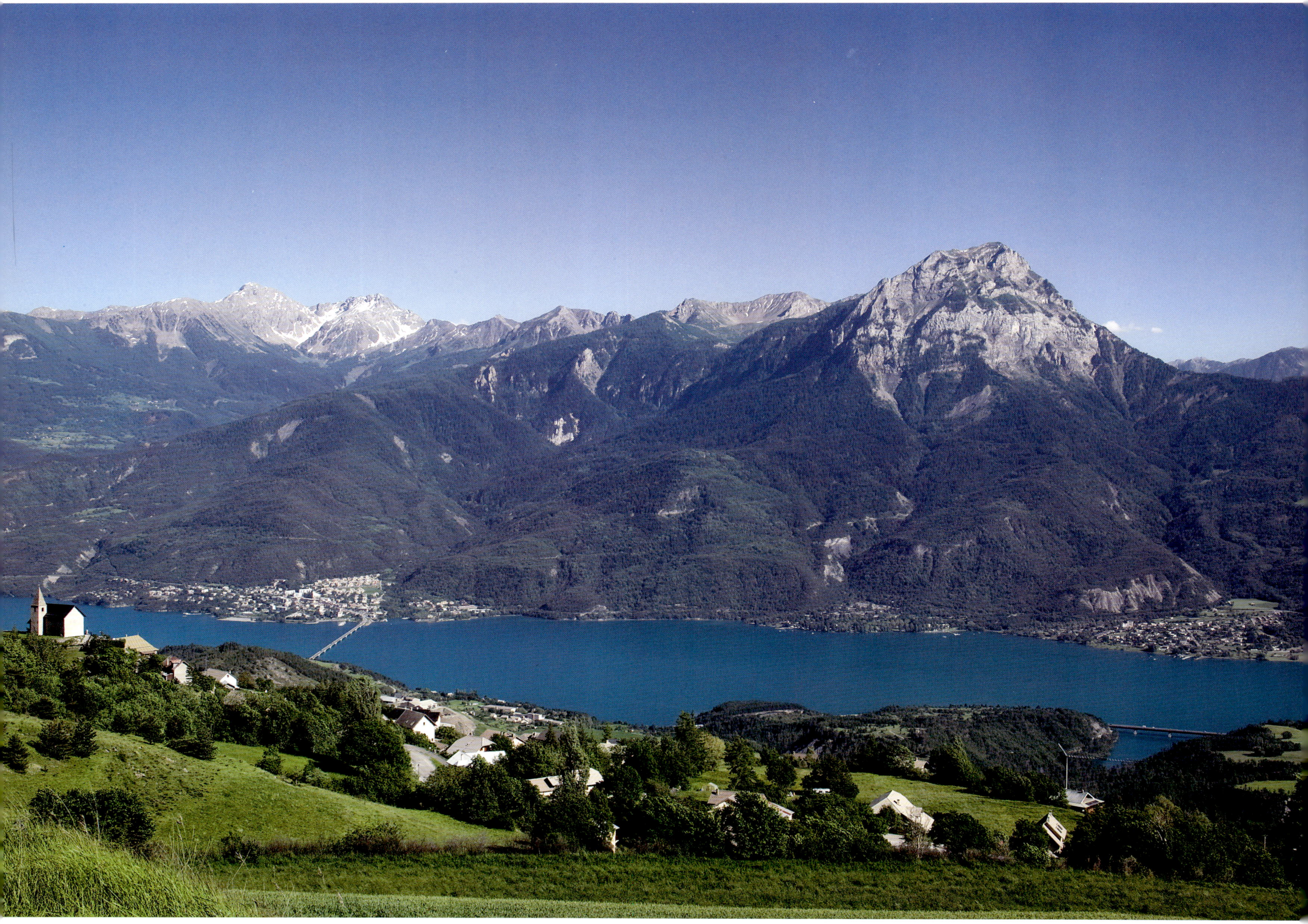

SAINT-APOLLINAIRE

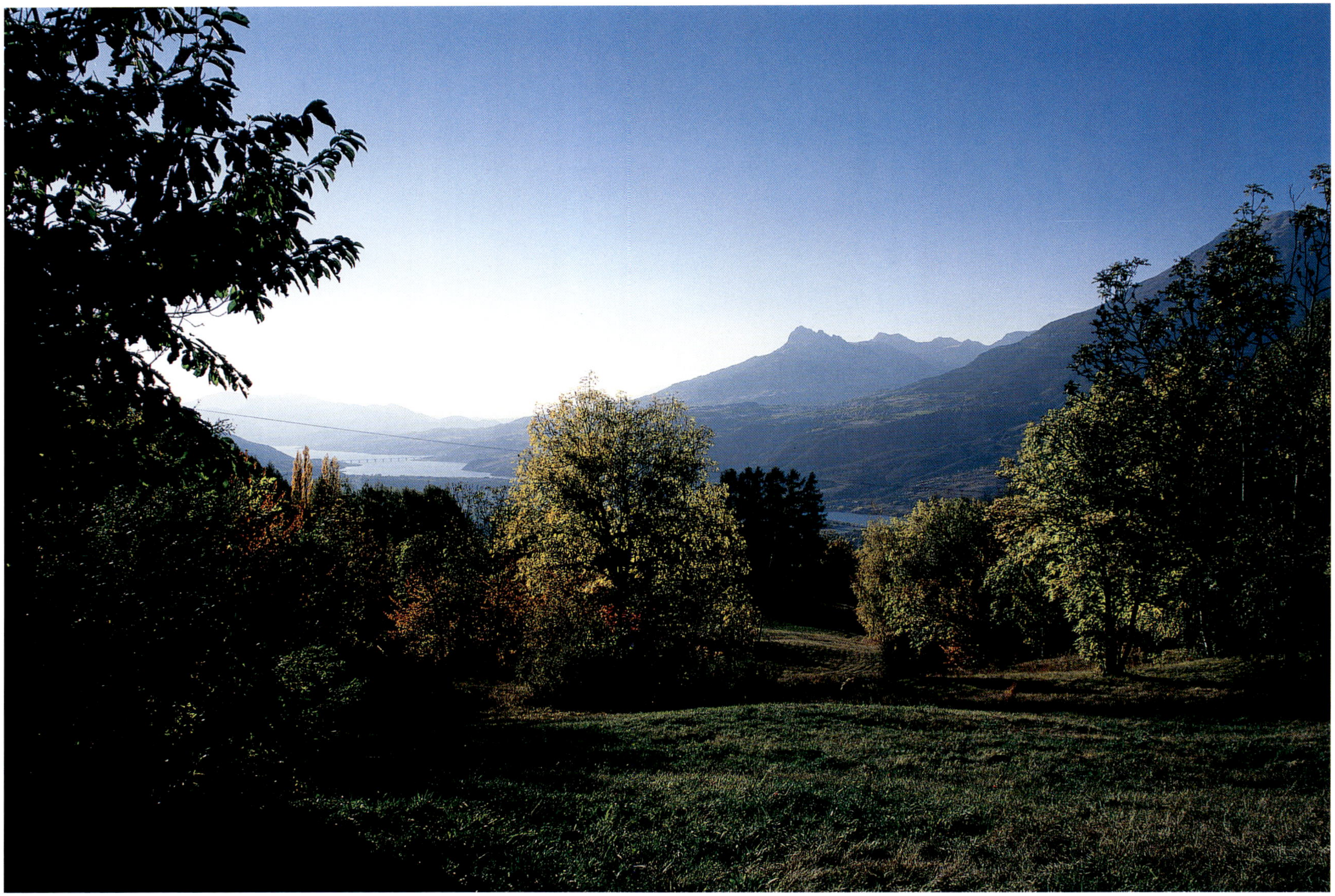

SAINT-APOLLINAIRE

Les aiguilles de Chabrières

RÉALLON

REMERCIEMENTS

Chantal Eyméoud,
maire d'Embrun, présidente de la Communauté de communes de l'Embrunais.

Richard Siri,
vice-président du Conseil général des Hautes-Alpes, chargé de la culture et du patrimoine.

Victor Berenguel,
vice-président du Conseil général des Hautes-Alpes, maire de Savines-le-Lac, président de la Communauté de Communes du Savinois/Serre-Ponçon.

Sharon Halperin et Jacques Peureux, *propriétaires du château de Picomtal.*

Frère Jean Mansir et la communauté de l'abbaye de Boscodon.

Roger Cézanne, *ancien secrétaire de mairie de Crots.*

Véronique Faucher et l'équipe des guides-conférenciers
du Service du patrimoine de la ville de Briançon.

Jean-Pierre Oddon, *curé d'Embrun.*

Antoine Lancelot, *président de l'association du patrimoine de Saint-André-d'Embrun.*

Christine Pichery, graphiste, *pour la réalisation de la maquette.*

Et Pierre Merchie *pour l'élaboration de la carte.*

ISBN : 978-2-917247-04-4
© pour l'intégralité des textes et photographies :
Editions Michel Zalio. Tous droits réservés pour tous pays.
Contact Editeur : Michel Zalio, Siguret, 05200 Saint-André d'Embrun.
Tél./Fax : 04 92 45 40 99 michel.zalio@wanadoo.fr www.michelzalio.com

Cet ouvrage a été achevé d'imprimer en mai 2009 sur les presses de l'imprimerie Escourbiac à Graulhet (81-France), en trame 240 Sublima, avec des encres végétales sur papier blanchi sans chlore, provenant de forêts gérées de façon durable. L'imprimerie Escourbiac engagée dans le développement durable, préserve l'environnement et recycle tous ses déchets.
Photogravure : Imprimerie Escourbiac, carte : Pierre Merchie, maquette : Christine Pichery.

RENSEIGNEMENTS PRATIQUES

OFFICES DE TOURISME

Office de Tourisme d'Embrun
Place général Dosse - 05200 Embrun
Tél : 04 92 43 72 72 - Fax : 04 92 43 54 06
Mail : officedetourisme.embrun@wanadoo.fr
Site : www.ot-embrun.fr
Ouverture : septembre à juin : du lundi au samedi inclus de 8h30 à 12h et de 14h à 18h30 ; juillet et août : du lundi au samedi de 9h à 19h30 ; le Dimanche de 9h30 à 12h30 et de 16h à 19h

Office de Tourisme de Chateauroux
Les Aubergeries
05380 Châteauroux les Alpes
Tél / fax : 04 92 43 43 74
Mail : otchateaurouxlesalpes@wanadoo.fr
Site : www.chateaurouxlesalpes.net
Ouverture : en été : 7j/7 du lundi au samedi de 9h à 12h et de 16h à 19h ; le dimanche de 10h30 à 12h30 ; toute l'année : ouvert du lundi au vendredi de 9h à 12h et de 14h à 16h30

Office de Tourisme intercommunal du Savinois Serre-Ponçon
9, avenue de la Combe d'Or
05160 Savines-le-Lac
Tel : 04 92 44 31 00 - Fax : 04 92 44 25 81
Mail : oti.savineslelac@orange.fr
Ouverture : du 1er juillet au 31 août : ouvert tous les jours, de 9h à 13h et de 15h à 19h ; du 15 au 30 juin 09 et du 1er au 15 septembre : tous les jours de 9h30 à 12h30 et de 14h30 à 18h30 ; le reste de l'année, du lundi au samedi de 10h à 12h et de 14h à 17h

Syndicat d'initiative de la Vallée de Crévoux
Le village - 05200 Crévoux
Tél : 04 92 43 87 89 - Fax : 04 92 43 87 90
Mail : syndicatdinitiative.crevoux@aliceadsl.fr
Ouverture : toute l'année, du lundi au jeudi (8h30-12h30 et 13h30 -17h) et le vendredi de 8h30 à 12h ; pendant les vacances de Noël, de février et en juillet août en plus ouverture le samedi de 8h30 à 12h30 et de 13h30 à 18h.

Office de Tourisme des Orres
05200 Les Orres
Tél : 04 92 44 01 61 - Fax : 04 92 44 04 56
Mail : ot.lesorres@lesorres.com
Site : www.lesorres.com
Ouverture : de décembre à avril : tous les jours de 9h à 12h30 et de 13H30 à 18H30 ; juillet et août : tous les jours de 9h à 12h30 et de 15h à 19h ; mai, juin, septembre, octobre et novembre : du lundi au vendredi de 9h à 12h30 et de 14h30 à 18h. Fermé week-ends et fériés

Office de Tourisme de Réallon
Pra Prunier - 05160 Réallon
Tél. : 04 92 44 25 67 - Fax : 04 92 44 32 52
Ouverture : de mi décembre à fin mars : tous les jours ; juillet et août : du dimanche au vendredi

Comité de promotion de Serre-Ponçon
Tél : 04 92 43 77 43 - Fax : 04 92 43 77 44
Site : http://www.embrunais-serreponcon.net/

PATRIMOINE ARCHITECTURAL

Le château de Picomtal
05200 Crots
Tél : 04 92 43 07 ou 06 09 09 27 33
Mail : info@picomtal.fr
Site : http://www.picomtal.fr/
2 à 3 visites par semaine en été. Sur RV pour les groupes toute l'année.

L'abbaye de Boscodon
05200 CROTS
Tél : 04 92 43 14 45 - Fax : 04 92 43 50 58
Mail : abbaye.boscodon@wanadoo.fr
L'accès à l'abbatiale est libre, tous les jours, de 8h30 à 18h30
Cloître et expositions sont accessibles aux heures d'ouverture de la librairie :
Printemps et Automne : tous les jours (sauf lundi), de 10h30 à 12h et de 14h30 à 17h30
Juin : tous les jours, de 10h30 à 12h et de 14h30 à 17h30 ; juillet et Août : tous les jours, de 10h à 12h et de 14h30 à 18h ; l'hiver, hors vacances : les samedi et dimanche, de 14h 30 à 17h 30 ; durant les vacances de Noël, de février et de Pâques : tous les jours (sauf Lundi), 14h30 - 17h30

La cathédrale d'Embrun
Ouverte tous les jours. Pour tous renseignements et pour des visites commentées, s'adresser à l'Office de Tourisme d'Embrun.

L'église de Saint-Sauveur
Visites guidées 1 fois par semaine pendant toutes les vacances scolaires.
Renseignements :
A la mairie de Saint-Sauveur ouverte le lundi de 14h à 17h et le jeudi de 9h à 12h.
Tél : 04 92 43 18 39
A la Communauté de Communes de l'Embrunais, rue de l'Archevêché 05200 Embrun
Tél : 04 92 43 22 78 - Fax : 04 92 43 55 50
Site : http://cce.pays-sud.fr/